Piran
für alle Jahreszeiten

KULTURWANDERUNGEN

Christian Lehner

Piran für alle Jahreszeiten

Mit Ausflügen nach Portorož, Koper, Izola
und in die Naturparks Strunjan und Sečovlje

VERLAG johannes
heyn

Hvala lepa!

Danke für Informationen, Daten und Fakten, Kontakte und andere Hilfestellungen an Andreja Frelih und Duška Žitko. Thx for Inspiration to David May. Danke für Sonne auch bei Regen an Branka Vranič und Eneja Vidojevič. Danke an „meine Verleger" Susanne Gudowius-Zechner und Achim Zechner für Geduld und Freundschaft. Und last, not least: Danke an Helmut Zechner für den Betriebsausflug!
Wir danken auch dem slowenischen Tourismusbüro in Wien (Jan Ciglenečki) und der Stadt Piran für die freundliche Unterstützung!

I FEEL SLOVENIA

Titelbild: Blick auf Piran © Christian Lehner
Bild Umschlagflappe vorne: Christian Lehner © Sissi Furgler
Bild Umschlagflappe hinten: Giuseppe-Tartini-Denkmal in Piran © Petra Lammer

Aus Gründen der leichteren Lesbarkeit wird auf eine geschlechtsneutrale Formulierung (z.B. Besucher/-innen) verzichtet. Entsprechende Begriffe gelten im Sinne der Gleichbehandlung für beide Geschlechter.

Lektorat: Karin Waldner-Petutschnig
Kartografie: Geodetski Inštitut Slovenije, Ljubljana, ilab crossmedia, Klagenfurt
Grafik, Layout und Satz: ilab crossmedia, Klagenfurt
Druck: Druckerei Theiss, St. Stefan i. Lavanttal
Printed in Austria
ISBN 978-3-7084-0523-0

Inhaltsverzeichnis

Eine Stadt wie ein Freilichtmuseum – Piran

Persönliches vorab

Vor zehn Jahren verliebten wir uns, meine Lebenspartnerin und ich. Nicht ineinander, das geschah schon früher, sondern in die Küstenstadt namens Piran. In jene Stadt, die ich schon damals etwas vorlaut „mein Freilichtmuseum" nannte.

Wir waren auf der Suche nach einem Platz am Meer, der in möglichst kurzer Fahrzeit von Kärnten aus zu erreichen ist. Es war Sommer, Hauptsaison, und Italien stand (zumindest für mich) nicht wirklich zur Debatte. Die (mir damals) bekannten Sommerziele in Kroatien mit einer Fahrzeit von vier, fünf Stunden passten eigentlich auch nicht. Und so stieß ich auf die Bucht Strunjan und ein Hotel mit (damals noch) viel Retro-Flair. Der Hotelkomplex war fein zum Baden, bot allerdings abends wenig Zerstreuung, schließlich will man ja doch etwas mehr als Meer sehen. Daher fuhren wir abends nach Piran. Und verliebten uns.

Im Jahr darauf kehrten wir zurück in die Bucht von Strunjan, und wieder Abend für Abend die gleiche Prozedur: ab nach Piran. Im dritten Jahr beschlossen wir einen Kurztrip ans Meer während der Karwoche. Das Hotel mit Strand war diesmal (im Monat März) keine Option, und so landeten wir endgültig in der Stadt, im Hotel direkt am Tartiniplatz, der es uns schon die beiden Jahre davor angetan hatte. Denn jeder Besuch in Piran endete nach dem obligaten Promenaden- und Stadtbummel am Platz, den die Piraner (frei nach Peter Altenberg) ihr „verlängertes Wohnzimmer" nennen, und beobachteten, nein, bewunderten das Geschehen am

Faszinierend: der Blick vom St.-Georgs-Hügel auf die Dächer von Piran

ovalen Rund rings um die Tartini-Statue: Kinder auf Dreirädern, Zweirädern, Skateboards, Rollerskates, Mütter und Väter, die miteinander plaudern und ihre Kinder im Auge behalten, Touristenscharen, die der Gratisbus aus Portorož am Platz ent- und später wieder einlädt.

Seither beginnen und beenden wir die Tage in Piran (mittlerweile längst mehrmals im Jahr) immer mit Blick auf den Tartini-Platz. Und selbst im Sommer kommt es vor, dass wir „unser Freilichtmuseum" nicht verlassen, um sommergemäßen Badefreuden zu frönen, sondern den Tag mit Blick aufs Meer vom Hafen aus, an der Küstenpromenade, im durch die engen Gassen zumindest etwas abgekühlten Altstadtkern verbringen, oder, wenn's wieder einmal an der Zeit ist, mit einem Spaziergang entlang und auf der Stadtmauer, oder mit der Besteigung des Glockenturms der St.-Georgs-Kathedrale.

Blick von der Stadtmauer auf die Punta von Piran

Der Tartini-Platz in (Weihnachts-)Festbeleuchtung

Nicht minder lieb gewonnen haben wir die Küstenstädte Izola und Koper, den Bummel entlang der Touristenmetropole Portorož, die Entdeckungsfahrten ins Umland, dorthin, wo blüht und wächst, was nicht im Mittelmeer schwimmt, sondern das Adriaklima gedeihen lässt: Olivenbäume, Wein, Kräuter, Südfrüchte, Pinien, Lavendel und vieles mehr.

Mittlerweile fahren wir nicht mehr in „unser Freilichtmuseum“, sondern wir fahren, wiederum etwas vorlaut „heim“. Und eine typische Unterhaltung in der Taverna am Tartini-Platz fällt fast schon einsilbig aus: „Ist dir nicht schon langweilig hier?“ – „Nein. Und dir?“ – „Nein, gar nicht, im Gegenteil.“

Tartini-Platz als Kulisse für eine Ausstellung des Laibacher Keramikkünstlers Igor Spreizer

Etwas vorlaut mag vielleicht auch der Buchtitel klingen – „Piran für alle Jahreszeiten". Aber mitnichten. Das slowenische Küsten- und Karst-Gebiet hat auf relativ kleinem Raum, was andere gerne hätten: ein vielfältiges Wechselspiel von touristischem Angebot, Natur und Kultur. Und um Letzteres geht's in erster Linie in diesem Buch. Dass sich hier an der Küste das eine ohnehin vom anderen nicht trennen lässt, macht die Region im Frühjahr, Sommer, Herbst und Winter zum lohnenden Ziel für Kulturbegeisterte, Naturliebhaber, Romantiker, Wellness-Hungrige, Sonnenbader, Schwimmer und für viele mehr. Gerade Herbst und Winter sind aufgrund des milden Klimas und der reinen Luft, die eine herrliche Sicht und ein ganz besonderes Licht auf Landschaft und Städte wirft, eine besondere Empfehlung wert. Und sollte das Wetter einmal so gar nicht mitspielen, lässt man sich's einfach in den Thermen gutgehen, oder man findet endlich Zeit für Museen, Galerien und Ausstellungen.

TIPP

Krippen- und Kreuzweg-Ausstellung: Von ca. 20. Dezember bis 6. Jänner sind in den Piraner Kirchen künstlerisch gestaltete Krippen ausgestellt. Die Ausstellungen wechseln jährlich. Von einem oder auch mehreren Künstlern stammen zur Osterzeit die einzelnen Kreuzwegstationen, die ebenfalls in den Kirchen ausgestellt sind (vom Wochenende vor bis Sonntag nach Ostern).
Die beiden Kunstprojekte sind eine gute Gelegenheit, auch Kirchen zu besichtigen, die sonst nicht geöffnet sind.

Ein paar Anmerkungen zum Gebrauch des Buches: Die fünf Kulturrundgänge in Piran beginnen und enden alle am Tartini-Platz, dem pulsierenden Zentrum der Stadt. Die

Der Tartini- als Turn-Platz

Dauer der Rundgänge obliegt jedem selbst, sie können kombiniert, verlängert oder auch verkürzt werden, je nachdem wie intensiv der Kulturhunger gestillt werden will. Selbiges gilt für die Routen in Koper und Izola. In Portorož sind die beschriebenen Sehenswürdigkeiten Empfehlungen für individuelle Spaziergänge zu den Kulturdenkmälern. Im Naturpark Sečovlje und (zum Teil) auch in Strunjan sind die begehbaren Pfade aufgrund des Naturschutz-Status von der Parkverwaltung vorgegeben.

Die Fotos im Buch zeigen die Städte und Dörfer aus der Sicht des Spaziergängers und sollen dazu anregen, mit wachem und offenem Auge eigene Lieblingsansichten zu finden. Die gastronomischen und kulinarischen Tipps ersetzen keinen Gourmetführer, sondern sind entweder von mir persönlich (nach dem Wohlfühl-Aspekt) ausgewählte oder Empfehlungen von Einheimischen. Die Tipps inkludieren auch alljährlich stattfindende Festlichkeiten kultureller und kulinarischer Art (ohne Anspruch auf Vollständigkeit).

Info-Einschübe vertiefen entweder das Beschriebene oder geben Informationen zu Öffnungszeiten, Kontaktdaten etc. Apropos Öffnungszeiten: Die Angaben sind zwar genauestmöglich recherchiert, können aber variieren, da vor allem Gastronomiebetriebe ihre Betriebszeiten gerne nach dem Wetter (und damit nach den zu erwartenden Gästen) richten. Viele wollen sich daher nicht festlegen und unterscheiden nur zwischen Sommer und Winter. Die großen Betriebe und Hotels haben ohnehin ganzjährig geöffnet, einem Wellness-Urlaub steht die Bora ganz bestimmt nicht im Weg.

Moderne Kunst am geschichtsträchtigen Hafen: Skulpturen von Jakov Brdar am Hafen von Piran (Ausstellung 2014)

Wissenswertes vorab

Auch wenn Slowenien nur 46,6 Kilometer Adriaküste „sein Eigen" nennt, kann es darauf stolz sein. Entlang der wenigen Kilometer hat alles Platz, was man unter dem Stichwort mediterran erwarten kann: von Palmen gesäumte Strände, Häfen, von venezianischer und Habsburger Herrschaft geprägte Küstenstädte, viel neue und alte Kunst und Kultur, agrarischen Reichtum aus Meer, fruchtbarem Ackerboden und Karst, Naturparks samt seltenem Natur- und Kulturerbe, Wander- und Radwege entlang des Meeres und im Landesinneren, Bergdörfer umgeben von Olivenhainen und Weingärten – und (einzigartig im nördlichen Mittelmeerraum) zwei Salinen, eine davon in produzierendem Betrieb.

Das mediterrane Klima mit heißen Sommern, milden Wintern und hohen Durchschnittstemperaturen (Jänner 4,4 Grad C, Juli 21,5 Grad C) und dennoch ausreichend Niederschlägen begünstigt eine üppige Vegetation und den Anbau von Wein, Oliven, Gemüse, Obst, Südfrüchten. Aufgrund dieser Vielfalt auf relativ engem Raum gibt es hier zu jeder Jahreszeit genug zu entdecken, erleben, schmecken und riechen, für Kultur- und Geschichte-Interessierte gleichermaßen wie für Erholungshungrige, die ein ebenso vielfältiges Wellnessangebot vorfinden.

Mildes Klima, Karstgebiet und Meer: das Geheimnis üppiger Vegetation

Als historische Region gehört das Gebiet zur „Primorska“ (Küstenland), andere Bezeichnungen sind „Slovenska Istra“ (Slowenisch-Istrien) und „Obalno-kraška“ (Küstenland bzw. Adriaküste und Karst-Region), was auch der vom slowenischen Tourismusbüro gebräuchlichen Regionsbezeichnung entspricht.

INFO

Tourismusbüros:

Piran: Tartinijev trg 2, 6330 Piran, +386/ (0)5 673 44 40; ticpi@portoroz.si
Portorož: Obala 16, 6320 Portorož, +386/ (0)5 674 22 20; ticpo@portoroz.si
Izola: Ljubljanska ulica 17-17, 6310 Izola; +386/ (0)5 640 10 50; tic.izola@izola.si
Koper: Titov trg 3, 6000 Koper, T: +386/ (0) 5 664 64 03; tic@koper.si

„Ciao“ ist hier keine sprachliche Geste gegenüber Touristen, sondern wird auch untereinander als Gruß verwendet. Denn: Nach 500 Jahren unter venezianischer Herrschaft plaudert und amtshandelt man hier zweisprachig. Amtssprachen in den Stadtgemeinden Piran/Pirano (Portorož/Portorose ist Teil der Großgemeinde Piran), Izola/Isola und Koper/Capodistria sind Slowenisch und Italienisch. Die Rechte der italienischen Minderheit wurden schon unter jugoslawischer Herrschaft verankert. Öffentliche Beschilderungen sind – ebenso wie Schulen, Kindergärten und die „Universität Primorska“ – grundsätzlich zweisprachig; Verkehrsschilder sprechen zum Teil auch Kroatisch. Abgesehen davon kommt der Gast hier gut zurecht mit Deutsch und Englisch.

Die Marina in Portorož ist die größte an der slowenischen Küste.

Anreise, Verkehrsmittel:

Das ideale Fortbewegungsmittel, sowohl für die An-/Abreise als auch vor Ort, ist der Pkw. Mit dem Auto über die Autobahnen aus den Richtungen Triest/Trieste und Laibach/Ljubljana oder über die Straße aus Pula (Kroatien); auf den Autobahnen in Slowenien gilt Vignettenpflicht.

Der Parkraum in den Zentren der Küstenstädte ist zwar begrenzt (in Piran nur wenigen Einwohnern vorbehalten, Gäste parken in der Tiefgarage Fornače), aber Parkmöglichkeiten (zumeist gebührenpflichtig) nahe den Zentren sind dennoch ausreichend vorhanden. Die Mobilität durch den Pkw erleichtert außerdem die Entdeckung der Umgebung bzw. des Hinterlandes.
Die nächst gelegenen Flughäfen (abgesehen vom internationalen, aber kleinen Airport Portorož ohne Linienanschluss) sind Laibach (rund 125 km von Koper entfernt) und Monfalcone (rund 60 km).

Fährt man mit der Bahn, ist in Koper Endstation, von da geht's weiter mit dem Bus. Die Busverbindungen zwischen den Küstenstädten sind gut ausgebaut.

Wählt man von vornherein den Bus: Zwischen Laibach und Koper verkehren viele und zum Teil auch direkt bis Izola, Piran und Portorož.

Dennoch gilt: Der eigene (oder gemietete) Pkw kann in diesem Fall durch (fast) nichts ersetzt werden. Bestenfalls durchs eigene oder gecharterte Boot.

Die Spitze der Piraner Landzunge mit Leuchtturm an einem klaren Wintertag

INFO

Websites für Verkehrs- und andere Infos:

Pannendienst: www.amzs.si, Pannen-Hotline: 1987
Busverbindungen international und national: www.ap-ljubljana.si
Bahnverbindungen Slowenien (bis Koper): www.slo-zeleznice.si

Jachthäfen:
Marina Koper: www.marina-koper.si
Marina Izola: www.marinaizola.com
Marina Portorož: www.marinap.si

Flughafen:
Aerodrom Portorož: www.portoroz-airport.si

Touristische Infos:
www.slovenia.info, www.portoroz.si, www.izola.eu, www.koper.si

Der Markuslöwe weist auf die venezianische Herrschaft in Piran hin.

Geschichte der Hafenstädte

Piran/Pirano

Nicht zuletzt die recht wechselhafte Geschichte der Hafenstadt macht Piran zu einer Adria-Perle und zu einem als Stadtdenkmal geschützten „Freilichtmuseum".

Die Römer eroberten 178/177 v. Chr. die istrische Halbinsel und vertrieben die hier bereits ansässigen Illyrerstämme. Einige archäologische Fundstücke bezeugen den Bau von bäuerlichen Höfen („Villa rustica") und damit die (noch sehr vereinzelte) Besiedelung im Hinterland von Piran.

Nach Untergang des römischen Imperiums im 5. Jahrhundert n. Chr. begann eine dichtere Besiedelung. Im 7. Jahrhundert, unter byzantinischer Herrschaft, entstand eine als Schutz gegen die Barbaren befestigte Besiedelung und damit die urbane Entwicklung von Piran. Der älteste Stadtkern (Punta) wurde zu dieser Zeit durch Mauern befestigt und durch Stadttore durchbrochen. Ein namentlich nicht bekannter Autor aus Ravenna erwähnte in einer historischen Schrift erstmals die römische Siedlung Piranon. Die Bedeutung des Namens wurde lange Zeit mit dem keltischen Wort bior-dun (Ort am Hügel) erklärt. Jüngeren Forschungen zufolge sei das griechische Wort pyr (Feuer) die wahrscheinlichere Wortwurzel, da an der Spitze der Landzunge ein Feuer, später ein Leuchtturm, den Schiffen den Weg wies, die in die benachbarte griechische Kolonie Aegida in der Nähe des heutigen Koper segelten.

Der Hafen von Piran vor beeindruckender Kulisse

Vorrömische und römische Mauerreste im Museum der Pfarrkirche St. Georg

Ende des 8. Jahrhunderts haben die Franken die Byzantiner aus Istrien zurückgedrängt und den großteils verlassenen Lebensraum mit Slowenen aus Krain und aus dem nördlichen Küstengebiet besiedelt. Im 9. Jahrhundert (843) wurde die Grafschaft Istrien ins Königreich Italien (regnum Italicum als Teil des Heiligen Römischen Reiches) eingegliedert, gut hundert Jahre später (952) dem Herzogtum Bayern und damit dem Deutschen Kaiserreich einverleibt, 976 dem Herzogtum Kärnten und schließlich dem Patriarchat von Aquileia.

Im 10. Jahrhundert drängten die Küstenstädte immer mehr in Richtung Unabhängigkeit vom Patriarchen von Aquileia. Einen Verbündeten fand man in der Republik Venedig, die sich ab dem 10. Jahrhundert zu einer Schifffahrts- und Handelsmacht

Die Piraner schützten sich ab dem frühen Mittelalter mit Stadtmauern und Stadttürmen gegen feindliche Angriffe.

entwickelte und an der Adria-Ostküste neue Märkte erobern wollte. Piran unterzeichnete bereits 933 einen Handelsvertrag mit den Venezianern, begab sich damit allerdings in eine neue Abhängigkeit.

Mit wirtschaftlichen Erfolgen durch Schifffahrt und Handel mit dem Hinterland sowie einem Wehrbund mit benachbarten Städten schaffte es Piran 1192 in die Selbstständigkeit und zur freien Gemeinde mit eigener, gewählter Herrschaftsstruktur. Zu dieser Zeit stand Piran nach wie vor unter aquileischem Patriarchat, allerdings mit eigenem Stadtrecht. Volle Autonomie erreichten die Piraner im Jahr 1274, doch hielt diese gerade einmal bis 1283, als Venedig (nach Koper, 1279, Izola, 1280) auch Piran besetzte und endgültig der venezianischen Herrschaft unterwarf.

Auch wenn die Piraner ihre Selbstständigkeit an die Serenissima verloren, begann zu dieser Zeit eine wirtschaftliche Blüte: Die Venezianer gestanden ihnen besondere Freiheiten zu, die in der Stadtsatzung von 1307 festgeschrieben waren und mit der Satzung 1384 noch erweitert wurden. Ab dem 13. Jahrhundert wurden einige der (bis heute) bedeutendsten Bauten errichtet.

Schmuckstück aus der Zeit der Venezianer-Herrschaft: das Venezianerhaus am Tartini-Platz

Der älteste Stadtteil: die Punta

Unter venezianischer Verwaltung veränderte sich das Stadtbild und erstreckte sich im Lauf des 14. Jahrhunderts bereits über die gesamte Piraner Halbinsel und weit darüber hinaus bis in den Karst. Die Salinen in Sečovlje, Lucija und Strunjan waren ebenfalls im Besitz von Piran; das Zusammenspiel von Schifffahrt, Fischerei, Gewerbe und Handel brachte Geschäftsleute und Bankiers in die Stadt und stärkte die Freiheiten und Privilegien innerhalb der venezianischen Herrschaft. Die Bedeutung als Schulstadt reicht ebenfalls bis ins 14. Jahrhundert zurück, als Piran den adeligen und reichen Bürgern eine Schule bieten konnte. Die Patriarchen von Aquileia verloren 1420 das istrische Küstengebiet an die Venezianer.

Beim Salinen- und St.-Georgs-Fest Ende April gedenken die Piraner in historischen Kostümen ihrer „auf Salz gebauten“ Tradition und danken dem Stadt-Heiligen Georg für seinen Schutz.

Mitte des 15. Jahrhunderts dezimierte sich die Bevölkerung an der Küste, woraufhin die Stadtoberhäupter entschieden, die leer gewordenen Bauernhöfe mit Slawen aus dem Hinterland und Flüchtlingen vor den Türken neu zu besiedeln. Vor allem Geschäftsleute aus Krain ließen sich zu dieser Zeit in den Städten nieder.

Der Bedrohung durch die Türken sowie durch den Krieg zwischen Venedig und Österreich entgegneten die Piraner mit der Erweiterung der Stadtmauer in der zweiten Hälfte des 15. Jahrhunderts. Nach sozialen Unstimmigkeiten und Kämpfen zwischen Adel und einfachem Volk erreichten die Bürger Pirans eine Vertretung im Großen Rat und die Kontrolle der Gemeindefinanzen.

Als 1797 die kaiserlich-königlichen Truppen der Donaumonarchie die Herrschaft der Serenissima beendeten, wurde Piran bis 1805 von den Österreichern besetzt. 1805 übernahmen die Franzosen, ab 1813 endgültig die Habsburger.

Unter österreichischer Herrschaft gelang eine neue wirtschaftliche Blüte, die Ingredienzien waren die alten: Han-

Der Tartini-Platz war bis 1894 Stadthafen, ab 1912 wendete hier die Schmalspurbahn nach Portorož.

del, Gewerbe, Schifffahrt und die Wiederbelebung der, Mitte des 18. Jahrhundert durch eine Naturkatastrophe, zerstörten Salzproduktion. In der Habsburgerzeit entstanden weitere wichtige Gebäude in Piran bzw. wurden die mittelalterlichen Bauten umgebaut oder durch neue ersetzt. 1893/1894 wurde der alte Fischereihafen zugeschüttet, an seiner Stelle der heutige Tartini-Platz angelegt und der neue, äußere Hafen errichtet.

In den Jahren 1900 bis 1902 wurde die Schmalspurbahn von Triest bis Poreč gebaut – die „Parenzana". Die Bahnlinie trug enorm bei zur Entwicklung des Transports von Waren, aber auch des Personenverkehrs und damit zur Etablierung eines neuen Wirtschaftszweiges: des damals noch als Sommerfrische bezeichneten Tourismus in Portorož.

Als Anschluss an die Parenzana wurde 1909 zwischen Piran und Portorož-Lucija eine der ersten schienenlosen Straßenbahnen (Oberleitungsbus) der Welt gebaut, von 1912 bis 1953 verkehrte auf dieser fünf Kilometer langen Strecke eine Schmalspurbahn mit der ungewöhnlichen Spurweite von 76 Zentimetern.

Fahnenschwinger in historischen Kostümen am Tartini-Platz

Das Seefahrtsmuseum Sergej Mašera ist zugleich das Piraner Stadtmuseum.

Nach dem Ende des Habsburgerreiches, als Folge des Ersten Weltkrieges, wurden Piran und das Küstengebiet durch den Friedensvertrag von Rapallo Italien einverleibt. Die Wirtschaftskrise und das faschistische Regime verschlechterten die wirtschaftliche Lage erneut. Der antifaschistische Widerstand der slowenischen Landbevölkerung und der (großteils) italienischen Stadtbevölkerung gipfelte im Völkerbefreiungskampf in den Jahren 1941 bis 1945. Nach dem Zweiten Weltkrieg wurde von der Friedenskonferenz in Paris (1947) das als „Zone B" bezeichnete Gebiet von Triest bis Novigrad zunächst dem von der UNO verwalteten „Freien Territorium Triest" zugeordnet, das 1954 im „Londoner Memorandum" zwischen Italien und Jugoslawien (Koper bis Portorož) aufgeteilt wurde. Erst der Vertrag von Osimo besiegelte 1975 diese zunächst provisorische Aufteilung.

Seit 1991 ist die (ehemalige) jugoslawische Teilrepublik Slowenien eine eigenständige Republik, seit 2004 ein Mitgliedsstaat der Europäischen Union.

Die Unstimmigkeiten über den Grenzverlauf zwischen Kroatien und Slowenien – sowohl entlang des Grenzflusses Dragonja als auch die Grenzziehung in der Bucht von Piran – sind mittlerweile mit Hilfe der EU beigelegt.

Einst ein Prachtbau der Donaumonarchie: das Palace-Hotel

Portorož/Portorose

Portorož gehört seit jeher zur Piraner Kommune, daher ist es auch nicht weiter verwunderlich, dass sich die Urgeschichte von Portorož mit der von Piran deckt; auch hier belegen archäologische Funde erste Siedlungstätigkeiten ab der Römerzeit.

Die Christianisierung der istrischen Halbinsel übernahmen in erster Linie Mönche der Ordensgemeinschaft des heiligen Benedikt, die die Geschichte und die Entwicklung ebenso prägten wie die venezianische und später die kaiserlich-königliche/österreichisch-ungarische Herrschaft. Im 12. Jahrhundert gab es im Gebiet der Piraner Kommune vier Benediktinerklöster und viele Kirchen. Eine der ältesten war die Kirche der heiligen Maria der Rose, die zu Beginn des 13. Jahrhunderts an der Küste stand und die 1251 der Bucht ihren Namen gab: „Portus sanctae Mariae de Rosae".

Der Bischof von Koper, Paolo Naldini, beschrieb in seiner „Corografia" aus dem Jahre 1700 die Kirche als größte, lieblichste unter den Kirchen des Hinterlandes von Piran. Ende des 18. Jahrhunderts wurde sie aufgegeben, und seither verliert sich jede Spur. Im Ortsnamen Portorož ist sie allerdings bis heute präsent: in der Bezeichnung „Porto Rose" ab etwa Mitte des 19. Jahrhunderts bzw. in der Schreibweise „Portorose" ab Ende des 19. Jahrhunderts. Von den weiteren Kirchen, die im 13. Jahrhundert erbaut wurden, sind heute nur mehr Ruinen der Johanneskirche in Fizine erhalten. Die älteste erhaltene Kirche in Portorož ist jene der heiligen Luzia in der gleichnamigen Ortschaft Lucija. Sie wurde im 16. Jahrhundert für die Salzarbeiter der Salinen in Fazan errichtet.

Beeindruckende Stützmauern befestigen das Areal des ehemaligen Minoritenklosters.

Der Turm der Kirche des heiligen Bernhard ist erhalten und steht mitten im Bernardin-Hotelkomplex.

Abgesehen von der regen Bautätigkeit der Benediktinermönche ist es deren Wissen um die Heilkraft des Salzwassers und des Salinenschlammes, das die „Rosenbucht“ bis heute nachhaltig prägt. Die Mönche aus dem St.-Laurentius-Kloster, das bis um 1300 an der Stelle des heutigen Hotel Metropol stand, behandelten damit Erkrankungen wie Rheuma, Wassersucht, Leberkrankheiten, Lymphknotentuberkulose, Übergewicht und Wunden.

Neben den Benediktinern war auch der Minoritenorden aktiv. 1451 legte der Wanderprediger und Heerführer Giovanni da Capistrano den Grundstein für ein Kloster, als er in Istrien Halt machte, bevor er gegen die Türken ins Feld zog. Die Kirche dieses Klosters wurde 1452 dem heiligen Bernhard von Siena geweiht. Kloster und Kirche wurden 1806 aufgelöst und verschiedentlich genutzt, unter anderem von

Das Salz der Salinen rund um Portorož legte den Grundstein für den Kur- und Wellnesstourismus.

der österreichischen Armee als Festung zur Verteidigung der Bucht. Heute erinnert der Name des Hotelkomplexes „San Bernardin" am Ende der Bucht von Portorož (in Richtung Piran) an die einstige Verwendung dieses Bauplatzes. Von der Kirche sind Überreste erhalten.

Das milde Klima, saubere Luft und Meerwasser bzw. Salinenprodukte sowie die Tatsache, dass die Bucht von Portorož durch den Bergkamm der Piraner Halbinsel vor Wind geschützt ist, begünstigte schließlich die Entwicklung des Kurtourismus und des Tourismus überhaupt. Bis die Damen und Herren aus der österreichisch-ungarischen Gesellschaft an die Rosenbucht zur Sommerfrische fuhren, dauerte es allerdings noch bis in die zweite Hälfte des 19. Jahrhunderts.

Ab Mitte des 19. Jahrhunderts begannen wohlhabende Bürger mit dem Bau großer Villen in Portorož. Die älteste war die klassizistische „Villa San Lorenzo", erbaut in den 1840er-Jahren an der Stelle des einstigen Benediktinerklosters des heiligen Laurentius. Die Villa samt Nebengebäuden inmitten eines 30.000 Quadratmeter großen Parks bot 200 Gästen Platz. Den Komfort genossen „frühe Touristen" wie österreichische Offiziere und betuchte k.u.k.-Bürger, die seit 1857 mit der Eisenbahn von Wien nach Triest fahren konnten. Personen befördernde Dampfschiffe ab Triest gab es seit den 1840er-Jahren. Der Triestiner Kaufmann Giuseppe Stölker, der die Anlage 1865 erwarb, erhielt 1869 die Genehmigung für die Errichtung eines Strandbades unterhalb der Villa, aus dem später das erste organisierte Seebad von Portorož entstand. Prominenter Eigentümer ab 1875 war der Triestiner Architekt Giovanni Righetti, der den Neubau des Piraner Gemeindepalastes (Rathaus) plante und leitete.

Neujahrsschwimmen in Portorož: Der Sprung ins Meer am Neujahrstag soll Glück und Gesundheit bringen.

Nach Righettis Tod (1901) kaufte die Piraner Kurbad-Gesellschaft 1908 die Villa San Lorenzo. Die Aktiengesellschaft betraute den Hotelier und Stadtrat Guglielmo Frediani, den Pächter des Hotels „Allo Stabilimento Balneare“, mit der Verwaltung der Villa. Er errichtete darin das „Casinò des Étrangères“ und benannte sie in „Hotel Frediani“ um. Heute steht an dieser Stelle das Hotel Metropol mit dem Casino.

Wie schon die Benediktinermönche begann 1879 der Piraner Arzt Dr. Giovanni Lugnano rheumatische und andere Krankheiten mit Salzbädern, Salzwasser-Trinkkuren und Salinenschlamm zu therapieren. Die Patienten kamen zunächst aus den umliegenden Orten, die Heilerfolge sprachen sich aber recht rasch im gesamten Gebiet der Donaumonarchie herum. Ab 1885 setzte daher eine rege Bautätigkeit ein, um den Heilungsuchenden Quartier geben zu können. Am 25. Juli 1897 erklärte das k.u.k.-Innenministerium „Porto Rose“ zum Kurort.

1890 gründeten Piraner Vordenker, Unternehmer und Bankiers eine Aktiengesellschaft mit dem Ziel, ein Kurbad in Portorož zu bauen. Die Investoren nannten ihre Kurbad-Gesellschaft „Stabilimento balneare di Pirano“, erwarben von den Salinen Piran ein Grundstück und bauten ein Hotel mit 80 Zimmern und 120 Betten samt Restaurant und Café sowie einen Thermenkomplex mit 30 Zimmern und eigenem Hallenbad.

Neben den genannten Vorzeigeprojekten entstanden in den letzten Jahren des 19. und zu Beginn des 20. Jahrhunderts an die zehn weitere Hotels und zahlreiche neue Villen.

Feuerwerke haben in Portorož schon seit Beginn des Kurtourismus Tradition.

Einen weiteren Bekanntheitsschub im Wiener Raum erlangte Portorož, als der Arzt Dr. Orazio Pupini 1908 in seiner Villa ein Sanatorium errichtete, in dem er 20 Jahre lang Krankheiten ausschließlich mit natürlichen Therapien und Heilmitteln behandelte. Er war jahrelang am Wiener Klinikum tätig, Mitglied des Kollegiums der österreichischen Balneologen und Hauptarzt der k.u.k.-Eisenbahn.

Im August 1910 eröffnete die Piraner Kurbad-Gesellschaft, die seit 1908 „Portorose" hieß, das nächste Vorzeige-Hotelprojekt, das „Palace Cur Hotel". Der österreichische, aus der Provinz Udine stammende, Architekt Giovanni Eustacchio hat das Hotel dem damaligen Zeitgeist der Donaumonarchie entsprechend im Stil des Historismus geplant und griff in der Gestaltung Elemente der Neorenaissance und der Wiener Sezession auf. Mit 175 Zimmern und Suiten, großem Speise- und Mehrzwecksaal, großer offener Terrasse, luxuriösem Foyer, Lese- und Spielsalons war es (und ist es mittlerweile wieder) eines der schönsten Hotels des gesamten Adriaraumes. Angeschlossen ans Hotel war ein modernst ausgestatteter Thermenbereich, unter anderem mit Behandlungsräumen für Salinenschlammbäder und einem Hallenbad mit Meereswasser. Vor dem Hotel entstand nach Entwürfen des Triestiner Architekten Lodovoci Braidotto ein Sand-Badestrand mit 200 im Halbkreis aufgestellten Kabinen.

Ab 1902 war Portorož Station der Schmalspurbahn „Parenzana", die bis 1935 zwischen Triest und Poreč verkehrte und wesentlich zur Entwicklung des Kurtourismus und der Sommerfrische beitrug. Die Zahl der Gäste stieg von Jahr zu Jahr: 1905 wurden 1.465 Kurgäste gezählt, 1909 bereits 3.100, und 1913 stieg die Zahl auf 7.200. Bemerkenswert

Das Palace Hotel im Rahmen der Festveranstaltung „Riviera durch die Jahrhunderte" im Dezember 2012

Dachstuhlkonstruktion des Salzspeichers Monfort aus der ersten Hälfte des 19. Jahrhunderts

bei dieser ersten touristischen Blüte sind zwei Tatsachen: Portorož war zu Beginn des 20. Jahrhunderts eine Ganzjahresdestination, so wie damals alle am Meer gelegenen Kur- und Sommerfrische-Ziele. Das Sonnenbaden praktizierte die feine Gesellschaft nur auf Anordnung des Arztes. Man verbrachte aber seine freie Zeit der milden Winter wegen gerne an der k.u.k.-Adria. Außerdem war die Dauer der Aufenthalte mit heute in keiner Weise zu vergleichen. 1910 verbrachte der Großteil der Gäste mindestens drei Wochen in Istrien, ganz und gar nicht ungewöhnlich waren auch mehrere Monate.

Das schnelle Wachstum endete mit dem Beginn des Ersten Weltkriegs. Nach dem Krieg fiel Istrien zunächst an Italien, das Interesse an Investitionen in den Fremdenverkehr in Portorož war wegen der vielen italienischen Küstenorte sehr gering. Der Sitz der Aktiengesellschaft „Portorose" war 1909 von Piran nach Triest und 1911 nach Wien verlegt und 1919 nach Triest zurückverlegt worden. Anstelle der österreichischen und deutschen Aristokraten übernahm die von der Insel Lošinj stammende Familie Oskar Cosulich die

Pfarrkirche Unserer Lieben Frau vom Rosenkranz in Portorož

Hauptrolle. Die Unternehmerfamilie trug mit ihren Aktivitäten viel zur Entwicklung der Seefahrt auf dem Adriatischem Meer bei und belebte mit dem Kauf von Wasserflugzeugen den Tourismus. Mit der Gründung der Fluggesellschaft „Società Italiana Servizi Aeronauti" schuf sie ab 1926 eine Flugverbindung zwischen Triest, Grado, Venedig, Pavia, Turin und Portorož. In den Jahren darauf folgten Flugverbindungen mit weiteren europäischen Städten. Immerhin stagnierte der Tourismus auf dem Level der Donaumonarchie.

Der Zweite Weltkrieg änderte die Situation allerdings völlig. Viele Gebäude und Anlagen wurden zerstört, und intakte Hotels, Pensionen und Villen wurden zu Krankenhäusern, Heimen und Wohnungen des Militärpersonals umfunktioniert. Die slowenische Küste gehörte nach dem Krieg zur „Zone B" des „Freien Triester Territoriums" und stand unter der Verwaltung der jugoslawischen Armee. Erst als die „Zone B" 1954 an Jugoslawien angegliedert wurde, begann langsam wieder eine Entwicklung.

Der Look von Portorož wurde in den 1960er- und 1970er-Jahren geprägt.

Für die jugoslawische Regierung hatten zunächst Arbeitererholungsheime den Vorrag. Ab den frühen 1960ern wurde ein Entwicklungsplan erarbeitet, der eine strikte Trennung von Industrie- und Tourismusgebieten vorsah. Nach der erfolgreichen Geschichte des Badeorts Portorož war klar, dass die Rose aufs Neue erblühen soll. Dem urbanistischen Konzept des Architekten Edo Mihevc, der eine vierspurige Straße durch den Ort zog, fielen die alten Hotels direkt am Meer und etliche weitere veraltete zum Opfer. In einer Bauwelle in den Jahren 1968 bis 1976 wurden die heute bekannten großen Hotelanlagen erbaut. Als die alte Werft, die Portorož von Piran trennte, 1974 nach Izola verlegt wurde, fiel der Spatenstich für den Bau der Bernardin-Hotelanlage.

Von den Hotels aus der Donaumonarchie ist einzig das „Palace Hotel" in seiner historischen Gestalt erhalten, das 1980 geschlossen, drei Jahre später unter Denkmalschutz gestellt, wiederbelebt und 1990 endgültig geschlossen wurde.

Nach der Unabhängigkeit Sloweniens ging das Hotel 1994 in den Besitz der Gemeinde Piran über. Im Mai 2003 wurde ein 99-jähriger Pachtvertrag mit eine Investorengruppe aus Koper unterschrieben, die das Hotel bis 2008 für rund 70 Millionen Euro renovierte und die Verpflichtung mit der Kempinski-Gruppe einging, das Hotel für mindestens 20 Jahre zu betreiben. Bei der Renovierung wurde das Hauptgebäude bis auf die denkmalgeschützte Fassade komplett entkernt, ausgebaut und am 18. Oktober 2008 wiedereröffnet. Seit damals strahlt die Primadonna unter den Adria-Hotels in neuem Glanz.

Der Idee der Ganzjahresdestination tragen die großen Hotel heute mit einem vielfältigen Wellnessprogramm und einem umfangreichen Unterhaltungsprogramm inklusive Glücksspiel Rechnung.

Blick auf die Landzunge der Halbinsel Izola an einem klaren Wintertag

Izola/Isola

Nomen est omen ... auch Izola war einst eine Inselsiedlung (lateinisch insula), und zwar bis Ende des 18. Jahrhunderts.

Archäologische Funde auf dem heutigen Gemeindegebiet von Izola, und zwar in der Ortschaft Korte auf dem Gipfel des Hügels Kaštelir, belegen eine befestigte Siedlung aus der Eisenzeit. Funde in der Simon-Bucht/Simonov zaliv sowie in Viližan sind Spuren aus der antiken Römerzeit.

Die wechselhafte Geschichte der verschiedenen Herrschaften und Verwaltungen sowie die Besiedlungsentwicklung sind hier ident mit jener in Koper bzw. Piran. Erstmals schriftlich erwähnt wird Izola in einem Vertrag zwischen Koper und Venedig aus dem Jahre 932. Der römisch-deutsche Kaiser Otto I. gab 972 gemäß einer Schenkungsurkunde die Inselsiedlung an den Venezianer Vitale Candiano, der sie an den Patriarchen von Aquileia weiterverkaufte. Kaiser Otto II. bestätigte 977 den Deal. Anno 1031 der nächste Eigentümerwechsel: Izola wurde samt Gerichtswesen, Abgaben- und Frondienstpflichten etc. an das Benediktinerinnenkloster von Aquileia abgetreten.

1145 schlossen Izola und Koper einen Vertrag mit Venedig, der ihnen den Schutz auf hoher See und einen Anteil aus Schifffahrt und Handel sicherte, blieben aber weiterhin unter der Verwaltung von Aquileia. Bis Ende des 12. Jahrhunderts wuchsen die Inselsiedlung und die Siedlungen im Hinterland zu einer Stadt. Mehrere Kirchen und Paläste, Gemeindehaus

Der Stadt- und Fischerhafen von Izola wurde im 15. Jahrhundert angelegt.

Der Stadthafen im winterlichen Abendlicht

und Loggia, eine erste Schule entstanden ebenfalls zu dieser Zeit.

Die Feindschaft zwischen den Lehnsherren von Aquileia und Venedig wussten die Izolaner zu nutzen, sie wurden 1253 als Freistadt anerkannt, mit allen Rechten wie Stadtrat, Stadtkasse, Beamte, eigene Statuten etc. Die Freiheit währte allerdings nur bis 1279, als die Venezianer sich die Oberherrschaft endgültig erkämpften und bis zum Ende des 18. Jahrhunderts die Geschichte der gesamten slowenischen Küste prägten.

1288 wurde der erste venezianische „Bürgermeister" in Izola eingesetzt, der verpflichtet war, die Gemeindestatuten zu berücksichtigen und alle Angelegenheiten mit den Bürgern zu beraten. 1360 allerdings revidierten die Venezianer die Statuten, den Izolanern wurden Handelsbeschränkungen auferlegt, wodurch die Unzufriedenheit zu wachsen begann.

Die Pfarrkirche von Izola ist dem heiligen Maurus geweiht.

Die Stadtmauer, die ab dem 12. Jahrhundert entstand, wurde unter venezianischer Herrschaft mehrmals gefestigt, 1411 und 1615 erweitert und ausgebaut. Einer der Gründe dafür war der Streit zwischen den Patriarchen von Aquileia und den Venezianern, der weiterhin andauerte, wodurch Izola immer wieder in Kämpfe geriet und Stadt und Menschen beträchtliche Schäden litten.

Streitigkeiten gab es auch mit Koper, das die Verwaltung Izolas innehatte und die diversen Abgaben einfordern musste. Und mit Piran kam es häufig zu blutigen Auseinandersetzungen, da die Piraner ihr Territorium in Richtung Izola ausweiten wollten. Diese Grenzstreitigkeiten gipfelten in einen Städtekrieg im Jahr 1320, den der Doge von Venedig schlichten musste.

Bei einem Angriff der genuesischen Flotte (unter dem Patriarchat von Aquileia) am 23. Oktober 1380 entstand

Istrien-Karten aus dem Jahre 1524 von Pietro Coppo

die Legende des Wunders von Izola: Dichter Nebel vereitelte demnach den feindlichen Angriff, die Rettung schrieben die verschont Gebliebenen ihrem Stadtpatron, dem heiligen Maurus zu. Auf diese Legende geht auch das Stadtwappen-Motiv zurück: die Taube mit dem Olivenzweig im Schnabel.

Die Kämpfe zwischen Aquileia und Venedig dauerten bis 1420, als die Patriarchen die Herrschaft über das istrische Küstengebiet verloren.

Nachdem diese Gefahren überstanden waren, erhielt Izola einen neuen Hafen und eine Mole, die Angriffe aus dem Westen verhinderte. Und es begann eine Blütezeit für die Inselstadt.

Bis Mitte des 16. Jahrhunderts blühte der Handel mit Wein, Oliven, Olivenöl, Fisch und Salz, vor allem mit Venezianern und Händlern aus Krain. Der Salzabbau in den Salinen von Izola, zwischen dem Festland und der Insel, wurde erstmals 1360 urkundlich erwähnt. Wein aus Istrien wurde von deutschen Kaufleuten sogar bis über die Alpen gebracht. Der Kanonikus Giovanni Thamar berichtete 1581, dass Izolaner Wein in Deutschland glasweise verkauft und nur von den Reichen und Mächtigen getrunken würde.

Zum Aufstieg von Izola trugen reiche Familien aus Venetien, der Toskana und der Emilia-Romagna bei. Schon 1312 etwa kam die Familie Manzuoli aus Bologna – Nicolò Manzuoli verfasste im 16. Jahrhundert eine Beschreibung Istriens. Aus Venedig stammte der Geograf und Kartograf Pietro Coppo, der als Stadtnotar diente; einige seiner wichtigsten Werke sind im

Der Manzioli-Palast (1470) ist eines der ältesten Gebäude in Izola, links davon: der Palast Lovisato aus dem 16. Jahrhundert, das Geburtshaus des Wissenschaftler Domenico Lovisato.

Seefahrtsmuseum Sergej Mašera in Piran aufbewahrt, darunter eine Karte der Halbinsel Istrien („Del Sito de l'Istria") aus dem Jahr 1524. Gerolando da Santa Croce gründete Anfang des 15. Jahrhunderts die erste öffentliche Schule und hinterließ Izola wertvolle Renaissance-Gemälde.

Dem Aufstieg folgte der Einbruch, und zwar in Form einer Pestepidemie 1554. Bis Ende des Jahrhunderts hatte die Seuche die Bevölkerung fast halbiert, Kanonikus Giovanni Thamar zählte 1595 nur noch 1.490 Menschen. Die letzte Pestwelle wütete 1630 bis 1631.

Der Handel erlahmte aber auch aufgrund der Verwicklung Izolas in Kriege und neuerliche Nachbarschaftsstreitigkeiten. Ein wenig Abhilfe brachten der freie Weinverkauf in Friaul und

Auch in Izola allgegenwärtig: der venezianische Löwe

Kunstvoll geschmiedetes Gitterfenster am Palast Besenghi degli Ughi aus dem späten 18. Jahrhundert

die Erweiterung der Olivenpflanzungen. Und der Schmuggel mit kleinen Fischerbooten, die die venezianischen Blockaden durchbrachen und Fisch, Öl und Salz nach Triest und andere habsburgische Besitzungen lieferten.

Der Fall von Venedig 1797 löste in Izola Rachegefühle aus: Gemeine Bürger raubten Güter und Paläste der verhassten Patrizier aus und ermordeten den letzten Bürgermeister der ve-

Kai-Promenade an einem Antiquitätenmarkttag

nezianischen Ära. Dass eine neue Ära anbrach, kennzeichnete das Niederreißen der Stadtmauern und Türme. Schutt und Steine, auch vom Abriss von Kirchen und Kapellen aus dem Altertum und Mittelalter, lud man im Meeresarm zwischen Festland und Insel ab und legte damit den Grundstein zur „Halbinselwerdung".

Dem Rückgang der Schifffahrt und des Seehandels seit der Herrschaft der Donaumonarchie (1814) versuchte man ab 1820 mit Fremdenverkehr zu entgegnen. Der Minorit Chiaro Vascotto untersuchte die Heilquellen des Stadtgebietes und baute mit Hilfe von reichen Bürgern das erste Badehaus, das von einer Thermalquelle mit hohem Ammonium-, Schwefel-, Magnesium-, Kupfer- und Nitratgehalt gespeist wurde. Das Heilbad wurde ein Erfolg und beliebtes Reiseziel der Triester, verlor aber an Attraktivität, als 1880 ganz in der Nähe die erste Fischkonservenfabrik eröffnet wurde.

Industrielle Revolution und ausländisches Kapital trieben Ende des 19. Jahrhunderts die Entwicklung Izolas voran: Vier Fabriken erzeugten Fisch-, Erbsen- und Obstkonserven. Die neuen Arbeitsplätze halfen auch den alten Erwerbszweigen: Mehr als 200 Fischer belieferten die Fabriken, weitere Boote und Schiffe beförderten Landwirtschaftserzeugnisse und Industriebedarf.

Wesentlich für die Entwicklung war die Errichtung der Parenzana-Schmalspurbahn, die ab 1902 Izola mit Triest und Poreč verband.

Um die Jahrhundertwende zählte Izola rund 5.500 Einwohner; neue Siedlungen und Gewerbegebiet entstanden in

Palme am Stadtstrand an der Punta: Der Tourismus ist auch in Izola eine wesentliche Einnahmequelle.

den Sümpfen der ehemaligen Salinen. Durch die Zuwanderung von Arbeitern für die Konservenproduktion wurde Izola zu einer Arbeiterstadt und zu einem der Zentren der Sozialdemokratie in Istrien vor dem Ersten Weltkrieg. In der Zwischenkriegszeit war sie wichtigster Stützpunkt der kommunistischen Bewegung und während des Zweiten Weltkriegs der Widerstandsbewegung.

Nach dem Zweiten Weltkrieg bzw. der Eingliederung in den neuen Staat Jugoslawien (1954) sorgte der Entwicklungsplan der Regierung für das gesamte Küstengebiet dafür, dass das traditionelle Nachhinken hinter Koper und Piran verringert wurde, auch wenn das Leben hier auch heute immer noch ein wenig gemütlicher erscheint als in den Nachbarstädten.

Die Kombination von Meeresluft und saftigen Hängen garantiert auch in Izola eine ertragreiche Agrarwirtschaft.

Die ersten vier Hotels wurden in Izola 1919 erbaut. Der moderne Fremdenverkehr erfuhr seinen Aufschwung aber erst mit der Errichtung der touristischen Siedlungen Belvedere und Simon-Bucht in der zweiten Hälfte des 20. Jahrhunderts. Neben den beiden Stränden – in der Bucht Simonov zaliv mit Rutsche, Volleyballplätzen etc. (Eintritt) sowie dem Stadtstrand an der Spitze der Landzunge – bietet Izola sportliche Freizeitangebote zu Wasser und zu Land für so ziemlich jeden Geschmack.

Bedeutend für den Tourismus ist auch die Marina Izola. Der Jachthafen bietet Liegeplätze für 700 Boote bis zu einer Länge von 50 Metern und dient als Stützpunkt für Wassersportevents.

Die lachende Sonne, Kopers Stadtwappen, auf dem Muda-Stadttor aus dem frühen 15. Jahrhundert

Koper/Capodistria

Die Besiedelung des Gebietes des heutigen Koper begann ab Mitte des 2. Jahrhunderts vor Christus, als illyrische Stämme der Histrier (später Istrier) befestigte Höhensiedlungen, so genannte Ringwallsiedlungen, errichteten. Diese hielten sich bis zum Histrischen Krieg (178/177 v. Chr.), als römische Legionen von Aquileia aus aufbrachen, um das Römische Reich zu erweitern und die Halbinsel zu erobern. Istrien kam damals unter die Verwaltung der römischen Kolonie Tergeste (Triest) und diente als Lebensmittelversorger. Zu dieser Zeit begann verstärkt auch die Besiedelung an der Küste, die die Ursprünge der Hafenstädte markiert.

Der römische Geschichtsschreiber Plinius der Ältere nennt in seinem Werk „Naturalis historia" (Naturgeschichte) die Siedlung Aegida, unterhalb des Sermin-Hügels gelegen, am Festland gegenüber dem heutigen Koper. Der eigentliche Vorläufer des heutigen Koper aber war die Inselsiedlung Capris. Beide Ortsbezeichnungen haben mit dem Wort Ziege zu tun: Das griechische Aegida bedeutet Ziegenhaut, das lateinische Capris Ziegenstall, in dem Fall Ziegeninsel. Die Ziege wurde später ein Wahrzeichen Kopers.

Archäologische Funde belegen die Besiedelung der Insel Capris in der Spätantike sowie deren Entwicklung zu einer befestigten Stadt als Versorgungsstützpunkt des römischen Verteidigungssystems; von der antiken Hafensiedlung Aegida gibt es keine Funde.

Detail des Portals der Domkirche von Koper

Die strategische Bedeutung der Inselstadt hielt auch nach dem Zerfall des Römischen Reiches an und wuchs aufgrund des Zuzugs von Flüchtlingen aus dem nahen und fernen Hinterland während des Krieges zwischen den Byzantinern und Goten. Die Byzantiner traten ab Mitte des 6. Jahrhunderts schließlich die Erbschaft des Römischen Reiches an und aus Capris wurde Justinopolis, benannt nach dem byzantinischen Kaiser Justinus II.

Die erste urkundliche Erwähnung von Koper stammt aus einem Brief von Papst Gregor I. im Jahre 599, der die Siedlung Caprae bzw. Insula Capritana nannte. In diesem und in weiteren Briefen machten dem Papst die Angriffe der Slawen große Sorgen, die auch durch den Chronisten Paulus Diaconus belegt sind, der von gemeinsamen Angriffen der Slawen, Awaren und Langobarden auf Istrien in den ersten Jahren des 7. Jahrhunderts schrieb. Die Kämpfe gipfelten schließlich darin, dass 611 nach besonders brutalen Gemetzeln von Aegida sowie weiteren istrischen Städten bzw. Siedlungen, darunter das heutige Piran, nur mehr Ruinen übrig blieben. Ausgenommen von der Verwüstung waren die Inselstädte Koper und Izola.

Detail der Loggia aus dem 15. Jahrhundert

Bedeutsam für die Entwicklung der Inselstadt war die Gründung des, vorerst provisorischen, 599 von Papst Gregor I. offiziell ernannten, Bistums Koper. Einer Legende nach war der heilige Nazarius erster Bischof von Caprae und soll bereits 524 eingesetzt worden sein.

Eine neue Ära begann Ende des 8. Jahrhunderts, als fränkische Streitkräfte die Alpen überquerten und die Macht des Fränkischen Reiches von Norditalien bis Istrien ausdehnten. Die Franken führten das Feudalsystem ein und begannen, die verlassenen Landsiedlungen im Hinterland der Küstenstädte mit heidnischen Slawen zu besiedeln, was wiederum Streitigkeiten provozierte, die mit der von Kaiser Karl dem Großen einberufenen Gerichtsversammlung von

Rižana 804 geschlichtet wurden. Die slawische Kolonisation setzte sich fort, auch an der Küste, und (zunächst) außerhalb der Stadtmauern breitete sich die slawische Sprache aus.

812 wurde zwischen dem byzantinischen Kaiser Michael I. und dem fränkischen Kaiser Karl dem Großen der „Frieden von Aachen" geschlossen und damit Istrien auch formell der fränkischen Mark Friaul untergeordnet. Venetien und die dalmatinische Küste blieben byzantinisch.

Im 10. Jahrhundert erlebte das Territorium Koper die nächsten einschneidenden Herrschafts-Wechsel, wurde Teil des „Heiligen Römischen Reiches" (Römisch-Deutsches Reich) und gehörte ab 952 zum Herzogtum Bayern, ab 976 zum Herzogtum Kärnten.

Der römisch-deutsche Kaiser Konrad II. verlieh 1035 der Inselgemeinde Stadtprivilegien. 1186 erhielt man den Status einer Freistadt mit eigenen Statuten und Beamtenapparat, angeführt vom Podestaten (heute würde man Bürgermeister oder Stadtchef sagen).

1208 überließ der römisch-deutsche Kaiser Otto IV. den Patriarchen von Aquileia die weltliche Herrschaft über einen Großteil Istriens. Die Patriarchen ernannten Justinopolis zur „Caput Histriae" (Hauptstadt der istrischen Mark) und überließen ihr die Verwaltung mehrerer Ortschaften der Umgebung. Sie hofften, die Aufwärtsentwicklung Kopers im Kampf gegen die Republik Venetien nutzen zu können. Koper, das schon ab dem 10. Jahrhundert Handelsbeziehungen mit Venedig unterhielt, wusste die Privilegien zu nutzen.

Im 13. Jahrhundert entstanden der Podestaten- und der Markgrafenpalast, eine mit 1269 datierte Steintafel im Stadtmuseum weist den Podestaten Marino Morosini als Erbauer der ersten Loggia (Stadtsaal als Rats- und Versammlungsort) aus, womit der Hauptplatz allmählich seine heutige Gestalt annahm. Der Stadtturm, vom Dom getrennt, war mit dem Podestatenpalast (Prätorenpalast) durch eine Zugbrücke verbunden. Ebenfalls im 13. Jahrhundert errichteten Franziskanermönche im östlichen Stadtteil Caprile das erste Kloster (1265) und ersetzten damit das im 10. Jahrhundert errichtete Benediktinerkloster.

Detail des mittelalterlichen Salzspeichers

Was mit Handelsbeziehungen begann, endete, wie für Piran und Izola, mit Unterwerfung: 1279 unterlag Koper der militärischen Übermacht Venedigs. Nach anfänglicher Rebellion erlosch der Widerstandsgeist nach dem misslungenen Aufstand im Jahr 1348 endgültig. Dazu kamen Plünderungen und Verwüstungen durch den Chioggiakrieg (1378-1381) sowie Hungersnot und Pestepidemie. Erst um die Wende zum 15. Jahrhundert ging es allmählich wieder aufwärts, als florentinische Handwerker, Händler und Bankiers sich in „Capo d'Istria", wie Justinopolis nun hieß, niederließen.

Fischfang, Handel, Salzgewinnung, Landwirtschaft waren die wichtigsten Einnahmequellen, wenn auch von den Venezianern geregelt und durch Abgaben geschmälert. 1420 verdrängten die Venezianer die weltliche Herrschaft der Patriarchen von Aquileia und schufen ein einheitliches

Detail des Portals der Armeria: „Municipio"

Verwaltungs- und Justizsystem. Als Hafen in Konkurrenz zu Triest (ab 1382 unter der Herrschaft der Habsburger) konnte Koper die strategischen Vorteile der Insellage nutzen, die Stadtmauer sicherte die Stadt vor Angriffen. Die mächtigen Paläste entstanden zwischen dem 15. und 18. Jahrhundert, ebenfalls in dieser Zeit entstanden Akademien und Schulen. Venedig gab der Stadt, abgesehen von ihrer wirtschaftlichen Bedeutung, auch kulturell das Gefühl von Ansehen und Geltung und erlaubte das Abhalten von Ritterturnieren, Regatten, Karnevalen und Märkten.

Im 16. Jahrhundert wurde Koper durch den gewinnträchtigen Handel zum reichsten und dichtest besiedelten Gebiet Istriens und zählte neun- bis zehntausend Einwohner (inklusive dem zu Koper gehörenden Festland). Um der wirtschaftlichen Entwicklung und dem Anstieg der Einwohnerzahl Rechnung

Die (heutige) Cankarjeva ulica wurde während der kurzen französischen Herrschaft ausgebaut.

zu tragen, musste die Stadt über die natürlichen Grenzen der Insel hinauswachsen, und so begann man im 16. Jahrhundert durch massive Aufschüttungen neues Land zu gewinnen.

Einen Dämpfer musste man in den Jahren 1630/31 hinnehmen, als die Pest die Stadtbevölkerung um zwei Drittel dezimierte. Bis zum Fall der Serenissima Ende des 18. Jahrhunderts wuchs die Einwohnerzahl zwar stetig, überstieg aber die 5.000 kaum.

Als Kaiser Karl VI. im Jahr 1719 Triest zum Freihafen erklärte, schwand die führende Rolle Kopers als Hafen, der Handelsverkehr aus dem Hinterland verlagerte sich auf die seit dem 14. Jahrhundert habsburgisch-österreichische Hafenstadt. Ende des 18. Jahrhunderts flackerte kurzfristig der Geist der französischen Revolution in Istrien auf, der nach dem französisch-österreichischen Krieg (1796/97) die Herrschaft der Republik Venedig beendete. 1797 bis 1805 besetzte Österreich das ehemalige venezianische Istrien, 1805 bis 1813 besetzten es napoleonische Truppen.

Die napoleonische Herrschaft dauerte zwar nur acht Jahre, prägte allerdings das Stadtbild nachhaltig. Der französische Präfekt Angelo Calafati veranlasste einige städtebauliche Maßnahmen, die das mittelalterliche Koper zu einem modernen, urbanen Zentrum werden ließen. Rund um die Stadt zog Calafati eine Ringstraße, vom Hafen im Osten bis zum Brolo-Platz (und damit bis ins Zentrum, dem benachbarten Tito-Platz) ließ er die Calle Eugenia bauen (die heutige Cankarjeva ulica). Im Stadtviertel Zubenaga am Nordrand entstand unter der französischen Aufsicht die heutige Siedlung „Belvedere“. Die Stadt verdankt Calafati weiters den Bau ei-

Detail des ehemaligen Getreidespeichers „Fontico“

ner neuen Trinkwasserleitung, die Trockenlegung der Sümpfe und damit das Austrocknen der Malariakeime und die Verlegung des Stadtfriedhofs nach Škocjan (wo er sich noch heute befindet).

Konsequenz als ausführendes Organ von Napoleons Erlässen bewies Calafati bei der Auflösung von Klöstern und Bruderschaften, was vor allem für die ärmere Bevölkerung zum Nachteil geriet, da damit viele soziale Leistungen entfielen, die die Klöster boten. Ganz zu schweigen vom kulturellen Schaden durch den Verlust von Bibliotheken, Handschriften, Kunstwerken etc.

Nach dem Sturz Napoleons (1813 durch die Völkerschlacht bei Leipzig) übernahm endgültig die Donaumonarchie die Herrschaft; die Adriaküste von Grado bis Abbazzia wurde zur Gänze österreichisches Küstenland (bis 1914).

Der Tito-Platz, der frühere Hauptplatz, mit weihnachtlicher Lichtinstallation

Für die kaiserlich-königlichen Machthaber war und blieb aber Triest die Hauptstadt und damit auch der Haupthafen. Die Wirtschaft Kopers beschränkte sich von da an auf Landwirtschaft, Fischerei, Salzgewinnung, Küstenschifffahrt und Schiffbau, was den Bewohnern aber zumindest ein regelmäßiges Einkommen sicherte.

Krasse Veränderung des Stadtbildes waren der Abriss der Löwenburg 1819, die Koper auf der Südseite schützte, die Entfernung der Stadtmauern und Verteidigungstürme sowie der Bau einer Strafanstalt ab 1822. Ab 1827 verband eine aufgeschüttete Straße die Insel Koper mit dem Festland Semedela.

Mitte des 19. Jahrhunderts erreichte die Einwohnerzahl rund 6.800, mit steigender Tendenz dank verbesserter Hygienebedingungen und medizinischer Versorgung.

Die vermögendere und einflussreichere Schicht zeigte sich der österreichischen Herrschaft gegenüber nach außen hin loyal, doch gewannen, wie im gesamten Vielvölkerstaat ab der zweiten Hälfte des 19. Jahrhunderts, nationale Bewegungen an Bedeutung: italienische, slowenische und kroatische. Die nationale Frage trat am schärfsten hinsichtlich der Schul- und Amtssprache zutage, was wiederum eine der größten Errungenschaften dieser Zeit hervorbrachte: die Errichtung einer dreisprachigen Lehrerbildungsanstalt in Koper (1875 bis 1909).

Die Tatsache, dass die Donaumonarchen Triest als Hafen- und Hauptstadt propagierten und Portorož als Kur- und Sommerfrische-Ort mit Piran als dessen Verwaltungsstandort, hat kultur- bzw. architekturgeschichtlich betrachtet auch

Vorteile: Abgesehen vom niedergerissenen Löwenpalast blieben bedeutende Paläste wie Prätorenpalast, Loggia etc. in ihrer mittelalterlichen Form erhalten und wurden nicht, wie etwa der Gemeindepalast von Piran, im Zeitgeistgeschmack des 19. Jahrhunderts, zu klassizistischen Prunkbauten umgestaltet.

Gegen Ende des 19. Jahrhunderts entstanden neben kulturellen Einrichtungen wie Bibliothek und Theater auch mehrere Industriebetriebe, Werften, Banken und 1882 auch eine Dampfschifffahrtsgesellschaft für den Waren- und Personentransport in Koper. Um die Jahrhundertwende gab es bereits mehrere Hotels, zwei Bäder, zahlreiche Gaststätten und eine Autowerkstatt. Von der Errichtung der Schmalspurbahn zwischen Triest und Poreč ab 1902 profitierte man auch in Koper; 1905 wurde die elektrische Beleuchtung eingeführt und 1908 das erste Kino, das „Elektron“, eröffnet.

INFO

Universität Primorska/Univerza na Primorskem: Die Universität mit den Standorten Koper, Izola und Portorož wurde 2003 gegründet. Sie besteht aus sechs Fakultäten (Bildung, Geisteswissenschaften, Management, Mathematik, Naturwissenschaften, Informationstechnologie in Koper, Tourismus in Portorož, Gesundheitswesen in Izola) und zwei Forschungsinstituten (Wissenschafts- und Forschungszentrum sowie Andrej-Marušič-Institut der Naturwissenschaften und Technik in Koper). Zudem kooperiert die Universität mit der Akademie für Design in Laibach. Infos: www.upr.si.

Unter italienischer Besetzung nach dem Ersten Weltkrieg verkümmerte die Wirtschaft, stieg die Arbeitslosigkeit und verschärften sich durch die faschistische Herrschaft die nationalen, politischen und sozialen Gegensätze. Bis zu Beginn des Zweiten Weltkriegs war Koper das italienisch-nationalistische Zentrum in Istrien. Nach der Kapitulation Italiens bzw. dem Ende des Zweiten Weltkriegs war Koper das Zentrum des unter UN-Aufsicht stehenden „Freien Triester Territoriums“, ab 1954 (Londoner Memorandum) fiel Koper bzw. ganz Slowenien an Jugoslawien.

Nach jugoslawischem Entwicklungsplan wurde Koper als Mittelpunkt der Region und Bezirkshauptstadt auserkoren, wurden zahlreiche Verwaltungs-, Bildungs- und Kultureinrichtungen errichtet sowie der neue Hafen, nordöstlich des alten

Blick von der Verdijeva ulica (Sitz der heutigen Stadtverwaltung) zum Hafen

Stadtkerns, als slowenisches Fenster zur Welt aus dem Nichts gestampft (ab 1957).

Erste Maßnahmen in diese Richtung geschahen schon nach dem Ersten Weltkrieg, als die Salzproduktion im Innenabschnitt der Bucht eingestellt wurde. Aus den dadurch gewonnenen Flächen und den Anschwemmungen der Flüsse Rižana und Badaševica, die in den Golf von Koper münden, wurde Land (zunächst Ackerland) gewonnen. Damit war die Stadtinsel mit dem Festland verwachsen.

Das Schaffen der weitläufigen Ebene, die wir heute kennen, wurde von der neuen Regierung ab 1954 quasi vom Reißbrett aus konsequent weitergedacht und vollendet: Für den Bau des neuen Hafens und die Gewinnung neuer Flächen für Infrastruktur und Verkehrsanbindung wurde (ab 1957) ein 750 Meter langer Damm angelegt, der die Škocjan-Bucht vom Meer abschnitt und damit trockenlegte. Die ehemalige Stadtinsel wuchs so endgültig zur heutigen Dimension an.

Der Plan der „Föderativen Volksrepublik Jugoslawien" inkludierte die Ausweitung von Gewerbe und Industrie und durch den Zuzug neuer Einwohner das Entstehen neuer Vorstadtsiedlungen wie Žusterna, Semedela, Olmo-Prisoje und Šalara. Industrieanlagen entstanden am trockengelegten Sumpfland von Semedela und Škocjan, am trockengelegten Sumpfgebiet von Ankaran entstanden Anlagen für den Fracht-, Reise- und Bahnverkehr. Das ab der Römerzeit besiedelte Küstengebiet von Ankaran wurde Kur- und Erholungsgebiet für Kinder und Arbeiter aus ganz Jugoslawien. Das ehrgeizige Ziel von Ministerpräsident, später Staatspräsident, Marschall Josip Broz Tito war, den einstigen Ruf Kopers zurückzuerobern – immerhin war Koper vor der Herrschaft der Donaumonarchie eine bedeutendere Hafenstadt als Triest und Rijeka. Die Verantwortlichen der Stadt Koper danken es „Marshall Tito" noch heute,

Blick aufs moderne Koper

indem sie den „Titov trg“ (den früheren Hauptplatz) auch nach der Unabhängigkeit 1991 nicht umbenannten.

Abgesehen davon, dass Koper bis heute wächst und die Infrastruktur ständig erweitert und verbessert wird, hat der Hafen Koper tatsächlich seine frühere Bedeutung wieder erlangt. Anfang der 1970er-Jahre erreichten die ersten Container, die das ehemalige Jugoslawien je gesehen hat, den Umschlagplatz. 1974 wurden 2.068 Container mit einer Nutzlast von 1.265 Tonnen gezählt. 2013 betrug das Cargo-Volumen mehr als 18 Millionen Tonnen, mehr als 600.000 Container passierten den Terminal.

INFO

Hafen/Luka Koper: Der Hafen Koper ist Sloweniens internationaler Seehafen und wird von der gleichnamigen Aktiengesellschaft betrieben. Der Mehrzweckhafen verbindet die Transportroute Zentral- und Osteuropa mit den Mittelmeerländern, über den Suezkanal mit dem Fernen Osten, und ist mit dem europäischen Straßen- und Eisenbahnsystem verflochten. Das Hafengebiet ist Freihandelszone und hat als EU-Hafen BIP-Status (Border Inspection Post). Die Meerestiefe im Hafen reicht von sieben bis 18 Meter und ermöglicht das Anlegen von Schiffen mit einer Kapazität von bis zu 180.000 Tonnen.

In den Hafen-Terminals werden General- und Projektgüter, Container, Kraftfahrzeuge, lockere und flüssige Güter sowie Tiere übernommen. Die Terminals sind mit modernster Umschlag-, Transport- und Lagertechnologie ausgerüstet und mit Straßen- und Eisenbahninfrastruktur ausgestattet, was die Abwicklung vor Ort ermöglicht.

Das Hafengebiet an Land umfasst 270 Hektar mit 48,4 Hektar überdachter und 109,6 Hektar offener Lagerfläche. Die Hafengesellschaft hat Büros in Wien und München. In einem Joint Venture gründete Luka Koper 2005 mit der Graz-Köflacher Bahn und Busbetrieb GmbH das Eisenbahnverkehrsunternehmen Adria Transport d.o.o., um die Logistikkette über die Schiene zu verstärken. Infos: www.luka-kp.si.

Kulturwanderungen

Piran – Rund um den Tartini-Platz

In Schritten oder Metern gemessen mag ein Rundgang um den Tartini-Platz nicht einmal als Spaziergang gelten, kulturhistorisch betrachtet aber sind es Meilensteine der Geschichte, an denen man hier Schritt für Schritt vorbeiwandert.

Der **Tartini trg/Tartini-Platz** ist das pulsierende Herz der Hafenstadt, von dem aus man alle (alten) Stadtteile erreichen kann und wohin man aus allen Richtungen auch wieder zurückgelangt. Skaten, Radfahren, Ball spielen oder auch nur über den Platz flanieren, so wie es heute üblich ist, konnte man vor gut 120 Jahren noch nicht.

Unter der Herrschaft der Donaumonarchie entwickelte sich der Hafen Piran zum wichtigen Ableger des großen Umschlag-

Blick auf den Tartini-Platz vom Georgs-Hügel aus.

Stadtplan für die Rundgänge in Piran siehe ganz vorne im Buch

platzes Triest, vor allem als Hafen für kleinere Handelsschiffe sowie als Zwischenstation von Passagierlinien von Triest nach Pula. Unter österreichischer k.u.k.-Herrschaft erlebte das slowenische Istrien ja nicht nur neuen wirtschaftlichen Aufschwung, sondern in der zweiten Hälfte des 19. Jahrhunderts auch das Entstehen des Kurtourismus.

Diese Entwicklung machte umfangreiche Arbeiten am äußeren Hafen notwendig: 1893/1894 wurde die äußere Mole verlängert und durch den Bau von zwei kleineren Molen ein Hafen für kleine Boote errichtet. Der wesentlichste bauliche Eingriff war die Zuschüttung des Fischerhafens (1894), um den herum schon ab dem 13. Jahrhundert einige der wichtigsten Verwaltungsbauten und Bürgerhäuser errichtet wurden.

Die Silvester-Party am Tartini-Platz lockt alljährlich tausende Besucher an.

Rock around Tartini

Mit der Aufschüttung des Fischerhafens erhielten die Piraner einen neuen Hauptplatz, den heutigen Tartini-Platz, der den Gebäuden gerecht und für die Bürger zum neuen Treffpunkt und Zentrum wurde.

Benannt ist der Platz nach dem in Piran geborenen Geiger und Komponisten Giuseppe Tartini (1692-1770). Anlässlich des 200. Geburtstages beschlossen die Stadtväter, ihrem großen Sohn ein Denkmal zu widmen. Die Errichtung des Denkmals verzögerte sich, dafür war im Jahre 1896, als es soweit war, ein würdiger Platz für die Statue geschaffen, den es davor noch gar nicht gab

Als Piran mit dem Bahnhof in Portorož-Lucija durch eine Straßenbahn verbunden war (1909-1953), diente der Platz als Wendeplatz. Die Gleise der elektrischen Bahn waren elliptisch gelegt. Diese Ellipse hat der österreichische Architekt Boris Podrecca in der Neugestaltung des Platzes aufgegriffen, die anlässlich Tartinis 300. Geburtstag in Auftrag gegeben wurde.

Am Entree zum Tartini-Platz: Steinerne Pfosten aus dem Jahre 1466

Mit einer elliptischen, leicht nach oben gewölbten Plattform aus weißem Stein erinnert Podrecca an die Straßenbahn gleichermaßen wie an den Fischerhafen, der das städtische Leben früher prägte. Rundherum setzte er, quasi als Rahmen für die Ellipse, ein diagonal verlegtes Karo-Muster. Die Arbeiten wurden 1988/1989 ausgeführt. Bis vor wenigen Jahren parkten in den Wintermonaten hier noch die Autos der Bewohner, heute ist der Platz ganzjährig autofrei und die Piraner selbst nennen den Platz ihr Wohnzimmer, ihr Herz der Stadt.

Betritt man den Tartini-Platz vom Hafen aus, beginnt auch schon die Verknüpfung von älterer und jüngerer Geschichte Pirans: Im Zuge der Neugestaltung ließ Architekt Podrecca zwei steinerne Pfosten als Entrée zum Platz aufstellen, die ursprünglich vor dem alten Stadthaus, dem heutigen Rathaus, standen. Die Steinpfosten stammen aus dem 15. Jahrhundert und dienen heute als Verankerung von Fahnenstangen. Den rechten ziert ein Relief des Löwen von San Marco als Symbol der venezianischen Herrschaft, darunter steht in Stein gemei-

Der Löwe von San Marco ziert die Verankerung der Fahnenstange.

ßelt und in lateinischer Sprache folgende Widmung: „Siehe den geflügelten Löwen, wie er nach Land, Meer und Sternen greift". Rechts davon sieht man das Wappen des damaligen Piraner Gemeindeführers (Segredo Ludovico), links davon das Piraner Stadtwappen.

TIPP von

Razzak Jubayer, Künstler und Betreiber des Souvenir- und Art-Shops „Portafortuna"; er stammt aus dem Irak, kam vor 40 Jahren nach Jugoslawien und lebt seit 20 Jahren in Piran: „Mein Lieblingsplatz hier in Piran ist zugleich mein Arbeitsplatz: Der Tartini-Platz ist mein ‚Wohnzimmer'. Hier treffe ich Freunde, Gäste und Kunden und bekomme noch dazu die Inspiration für meine Arbeit nach der Arbeit, für mein Schaffen im Atelier."

Souvenir- & Art Shop Portafortuna: ganzjährig geöffnet, Sommermonate 10 bis 20 Uhr, Wintermonate 10 bis 18 Uhr.

Der linke Steinpfosten ist dem Schutzheiligen der Stadt gewidmet, als Relief abgebildet der heilige Georg auf dem Pferd, darunter die Inschrift: „Piraner Erde, durch unsere Gebete bleibst du sicher".

Razzak Jubayer, Künstler und Art-Shop-Betreiber

Das ehemalige St.-Georgs-Stadttor, integriert in den Gerichtspalast

Das erste Baudenkmal am Platz (beim Rundgang im Uhrzeigersinn) ist der Justiz- bzw. **Gerichtspalast/Sodna palača.** Im 14. Jahrhundert errichtete man an dieser Stelle ein Lagerhaus für Weizen und Mehl, das im 16. Jahrhundert zum Stadtpfandhaus erweitert wurde. Seine heutige Gestalt erhielt der Palast im 19. Jahrhundert, den Neubau in den Jahren 1885 bis 1891 leiteten Giuseppe Moso und Enrico Nordio.

Der dem Hafen zugewandte Bogengang des Palastes ist das 1660 erneuerte Stadttor des heiligen Georg, das seit dem Neubau Teil des Gerichtspalastes ist.

Gerichtspalast, Gemeindepalast und Stadtgalerie (von links) als Kulisse für den Kunsthandwerks- und Antiquitätenmarkt

Wenige Jahre vor dem Gerichtspalast erhielt das Stadthaus bzw. der **Gemeindepalast/Občinska palača** seine heutige Gestalt. Als die Venezianer nach ihrer Machtergreifung Ende des 13. Jahrhunderts das Stadthaus bauten, lag es noch am Stadt- bzw. Fischerhafen und außerhalb der damaligen Stadtmauern. Das Gebäude in romanisch-gotischem Stil wurde 1877 abgerissen. Den Neubau im Neorenaissance-Stil plante und leitete der Triestiner Architekt Giovanni Righetti, der den Bau 1879 abschloss.

TIPP

Kunsthandwerks- und Antiquitätenmarkt am Tartini-Platz: von April bis September, jeden vierten Samstag 8-18 Uhr.

Ans alte Stadthaus und an die Ära der Serenissima erinnert heute in der zweiten Etage des Mitteltraktes die Steinfigur eines Löwen mit geöffnetem Buch, das die Venezianer an fast allen bedeutenden Stadtgebäuden angebracht hatten. Ein offenes Buch bedeutete Frieden, ein geschlossenes Krieg. Im Atrium des Palastes wurden Stein- und Schrifttafeln und Wappen aus dem alten Stadthaus eingebaut; erhalten ist auch ein vieleckiger Stein mit den venezianischen Maßeinheiten.

INFO

Gemeindepalast-Besichtigung: Bei Voranmeldung im Seefahrtsmuseum Sergej Mašera ist eine Führung durch den Gemeindepalast möglich: +386/ (0)5 671 00 40, www.pomorskimuzej.si.

Der Gemeindepalast ist Sitz der Stadtverwaltung und somit des Bürgermeisters und beherbergt eine Sammlung wertvoller Kunstwerke von Domenico Tintoretto über Herman Pečarič bis zu zeitgenössischen Künstlern.

Gemeindepalast und Giuseppe-Tartini-Statue

Klassizistische Säulenfront des Gemeindepalastes

Sitzungs- und Zeremoniensaal im Gemeindepalast

In Stein gemeißelte venezianische Maßeinheiten im Foyer des Gemeindepalastes

Nach Plänen und Konzept von Architekt Boris Podrecca und unter der Leitung des Architekten Boštjan Furlan wurde ab 2010 die **Stadtgalerie/Mestna galerija** umgebaut und saniert und im Frühjahr 2012 wieder eröffnet. Die Galerie ist der bedeutendste Ausstellungsort für moderne Kunst an der Küste und in Künstlerkreisen weit über Slowenien hinaus angesehen. Die besondere Herausforderung bei diesem Umbau war, das Kulturerbe in Einklang zu bringen mit den tech-

Stadtgalerie (links) als Schauplatz des Kunstwettbewerbs „Ex tempore"; rechts davon: die „Venezianerin"

nischen und statischen Anforderungen eines zeitgemäßen Galeriemanagements. Durch die Konstruktion eines gewölbten Dachstuhles (statt des früheren Spitzdaches), der dem Bogen der Haupt-Fassade folgt, war es Podrecca möglich, eine zusätzliche (dritte) Ausstellungsebene zu schaffen. Die offene Bauweise erlaubt einen Dialog aller Galerie-Ebenen inklusive Café bzw. Eingangsbereich. Ein Lift gewährt außerdem Barrierefreiheit.

Für Ausstellungen adaptiert wurde das im 14. Jahrhundert errichtete Gebäude in den 1960er-Jahren. Davor diente es als Kasino bzw. Ball- oder Stadtsaal. Unter venezianischer Herrschaft befand sich am Standort der Galerie die Loggia, die mit dem Stadthaus auf der einen Seite und mit der St.-Jakobs-Kirche (nicht erhalten) auf der anderen Seite verbunden war. In der Loggia trafen sich die Mächtigen der Stadt: Sie war der Amtssitz für die Aufsicht über die Finanzen der Stadt, wie man aus den Stadtsatzungen aus dem Jahr 1384 weiß. Die heutige Gestalt erhielt das Gebäude um 1820.

TIPP

Die **Stadtgalerie Piran** ist das „Flaggschiff" des Verbandes „Küstengalerien Piran/Obalne galerije", der 1976 zwecks Kooperation der Galerien in der Primorska-Region gegründet wurde. Zum Verband gehören die Stadtgalerie und Meduza 2 in Piran, die Galerien Loža und Meduza in Koper sowie (seit 1992) die Galerie A+A in Venedig. Die Galerie Hermann Pečarič in Piran wird vom Team der Küstengalerien verwaltet; temporär veranstaltet das Team auch Ausstellungen im Salzspeicher Monfort in Portorož. Neben der Organisation von Ausstellungen zeitgenössischer Kunst und der Erweiterung der Kunstsammlung der Stadt initiieren und organisieren die Küstengalerien auch internationale Veranstaltungen wie Ex tempore, die Piraner Tage der Architektur oder das Bildhauersymposium Forma viva.

Öffnungszeiten: April bis Juni 11-18 Uhr, Juli/August 10-12, 18-22 Uhr, September/Oktober 11-18 Uhr, November bis März 11-16 Uhr, www.obalne-galerije.si.

Eckbalkon und gotische Fenster des Venezianerhauses

Raum mit antikem Mobiliar im Venezianerhaus

Das vermutlich meistfotografierte Architekturerbe Pirans, das rote **Venezianerhaus/Benečanka** (auch „die Venezianerin") ist zugleich jenes mit der romantischsten Entstehungsgeschichte und das einzige am Tartini-Platz, das im ursprünglichen venezianisch-gotischen Stil erhalten ist. Das Haus wurde Mitte des 15. Jahrhunderts erbaut und beeindruckt mit seiner klaren, typisch gotischen Gliederung, mit üppigen Steinverzierungen um die Fenster und einem steinernen Eckbalkon.

Zwischen den Fenstern des zweiten Stockwerks ist eine Steinplatte mit stehendem Löwen und einer mehrdeutig eindeutigen Inschrift angebracht: „Lassa pur dir/Lass sie reden". Die Inschrift verweist auf den romantischen Teil der Baugeschichte: Der Stadthafen war das Zentrum des Seehandels und somit auch der reichen Handelsleute aus Venedig. Einer von ihnen verliebte sich in eine Piranerin und ließ ihr zum Zeichen seiner Liebe, aber auch, um den Piranern zu zeigen, wie reich er war, dieses Haus bauen. Mit der Inschrift „Lass sie doch reden“ signalisierte er seine Verachtung über den Klatsch der neidischen Bürger Pirans.

In den Sommermonaten sowie zu Festlichkeiten öffnet der Eigentümer das auch innen sehr sehenswerte Venezianerhaus. Im Erdgeschoss der „Venezianerin“ ist ein Shop der „Salinen Piran“ eingerichtet.

INFO

Benečanka: Öffnungszeiten, Mai bis Oktober Donnerstag bis Sonntag 10-13 Uhr; außerhalb der Sommersaison bzw. außerhalb der Öffnungszeiten für Gruppen bei Voranmeldung: +386/ (0)70 557 895, info@medievalpiran.com, www.medievalpiran.com.

TIPP

Zu ebener Erde der „Venezianerin“ befindet sich ein Shop der **„Salinen Piran/Piranske Soline“** mit allem, was die Salinen in Sečovlje so hergeben, von der Salzblüte bis zum Speisesalz, vom Badesalz bis zum Salzpeeling. Das Geschäft führt auch andere Erzeugnisse aus Piraner Salz, darunter Schokolade mit Fleur de Sel (Salzblume), kosmetische Produkte aus Salz, Salzmühlen, Salzstreuer und andere Produkte rund ums weiße Gold.

Öffnungszeiten: täglich 9-21 Uhr, www.soline.si.

Auf Höhe der „Venezianerin“ beherrscht die überlebensgroße Bronzestatue des Namensgebers „seinen“ Platz: Guiseppe Tartini setzt in der Darstellung des venezianischen Bildhauers Antonio dal Zotto gerade zur Verbeugung vor seinem Publikum an, die Geige in der linken, den Bogen in der rechten Hand. 1896 wurde das Denkmal aufgestellt und im Zuge der Neugestaltung des Platzes von Boris Podrecca am Originalstandplatz belassen.

Hier am ehemaligen Stadthafen, vorbei an der heute grün-rosa-gelb gefärbelten Häuserreihe, steht auch das Geburtshaus des Violinvirtuosen, Komponisten, Musiktheoretikers und Musikpädagogen. Das heute **Tartini-Haus/Tartinijeva hiša** benannte Gebäude ist urkundlich erstmals 1384 als „Casa Pizagrua“ erwähnt und wurde im 19. Jahrhundert in neoklassizistischem Stil umgestaltet. Das Haus ist heute Sitz der „Gemeinschaft der Italiener“, im ersten Stock wurde ein Tartini-Gedenkraum eingerichtet.

Blick vom Hotel Tartini auf Giuseppe Tartinis Geburtshaus (Mitte)

INFO

Giuseppe Tartini (1692-1770):

Giuseppe Tartini wurde am 8. April 1692 geboren, sein Vater Gian Antonio war ein Handelsmann florentinischer Abstammung und später Schreiber beim Salz-Ankauf, seine Mutter Caterina Zangrando stammte aus einem der ältesten Adelsgeschlechter Pirans.

Nach einer theologischen Ausbildung in Piran und Koper setzte Tartini seine Studien an der juristischen Fakultät der Universität in Padua fort, entgegen dem Wunsch seines Vaters, der wollte, dass er Geistlicher werde. Nach Schwierigkeiten wegen der Heirat mit der Nichte des Bischofs musste er Padua verlassen und fand Zuflucht im Kloster von Assisi, wo er Violine und Komposition vertiefte und akustische Gesetzmäßigkeiten erforschte. Er spielte in Theaterorchestern und trat als Solist auf. Sein Geigenspiel brachte er in einem zweijährigen Studium in Ancona zur Virtuosität.

1721 folgte er einer Berufung an die St.-Antons-Domkirche in Padua als Konzertmeister und erster Geiger. 1728 gründete er die Geigenschule „La scuola delle nazioni", die Studenten aus ganz Europa besuchten, was ihm den Beinamen „il maestro delle nazioni", Meister der Nationen, einbrachte. Tartini starb 78-jährig in Padua und ist auch dort begraben.

Er komponierte rund 130 Konzerte und über 170 Sonaten für Geige. Sein berühmtestes Werk ist die Sonate „Teufelstriller". Der Legende nach ist ihm im Traum der Teufel, auf einer Geige spielend, erschienen. Nach dem Aufwachen schrieb er die Melodie nieder.

Geiger Črtomir Šiškovič im Tartini-Gedenkraum vor einer Büste des Meisters und mit Tartinis Violine

Ausgestellt sind unter anderem seine Totenmaske, eine Geige des Meisters, sein Linienzieher, ein Kupferschnitt mit Darstellungen von Tartinis Träumen und ein Ölporträt von Tartini. Unter den handgeschriebenen Urkunden befindet sich ein Brief an seine Schülerin Maddalena Lombardini, in dem er die Regeln der Bogentechnik erklärt.

INFO

Tartini Gedenkraum, täglich geöffnet, Juni bis August 9-12, 18-21 Uhr; September bis Mai 11-12, 17-18 Uhr. Besichtigung für Gruppen auch außerhalb der angegebenen Zeiten bei Voranmeldung: +386/ (0)5 671 00 40, www.pomorskimuzej.si.

TIPP

Guiseppe Tartinis Musik auf CD ist im Tartini-Gedenkraum erhältlich, gespielt vom Geiger Črtomir Šiškovič.

Der erhöhte Vorplatz vor der St.-Petrus-Kirche erweckt den Eindruck als stünde das ursprünglich 1272 erbaute Gotteshaus auf einem eigens errichteten Podium. Die **Petrus-Kirche/Cerkev Sv. Petra** ist eine der ältesten Kirchen Pirans und erhielt 1818 vom Architekten Pietro Nobile ihre heutige klassizistische Gestalt. Oberhalb des Portales zeigt ein Steinrelief des Bildhauers Antonio Boso die Übergabe des Schlüssels zum Himmelstor an den Apostel Petrus.

Petrus-Kirche während des Salinen- und St.-Georgs-Festes, wall-
jährlich am letzten Wochenende im April

Relief oberhalb des Portals der Petrus-Kirche

Innenraum der Petrus-Kirche zur Weihnachtszeit mit Krippen-Installation

Barockhaus am Tartini-Platz

Als würde Barock den Klassizismus „grüßen" wollen, ist die Hauptfassade des **Barockhauses/Baročna** hiša der Petrus-Kirche zugewandt. Das dreistöckige Haus stammt ursprünglich ebenfalls aus dem Mittelalter und bildet im Verbund mit der Petruskirche ansatzweise einen „Platz im Platz", da es in seiner Breite die mit der „Venezianerin" begonnene Gebäude- bzw. Fassadenlinie unterbricht, die hinter dem Gebäude

Häuserreihe mit dem Hotel Tartini Piran

weiterführt. Die Fenster der drei Stockwerke sind mit barocken Steinrahmen und Simsen gestaltet, das mittlere Fenster im ersten Obergeschoss ist als kleiner Balkon mit schmiedeeisernem Barockgeländer ausgebaut. Die Fassade endet mit halbkreisförmigen Bögen oberhalb der Fenster im dritten Stockwerk. Darüber wirkt der Giebel wie eine Variation der Zahl Drei und der darunter liegenden Rundbögen.

Die Fassade der dem Hafen zugewandten Längsseite ist ähnlich der Hauptfassade gestaltet. Im mittleren Bogen im Erdgeschoss beginnt die Gasse Ulica svobode.

Einen Teil der, dem Gemeindepalast gegenüber gelegenen, Häuserreihe nimmt das Hotel Tartini Piran ein, das durch Zusammenlegung von drei Gebäuden 1994 in der heutigen Größe eröffnet wurde. Im Zuge der Bauarbeiten hat man auf der dem Hafen zugewandten Seite des Gebäude- bzw. Hotelkomplexes (am Cankar-Kai/Cankarjevo nabrežje) ein Stück eines Verteidigungsturmes aus dem Mittelalter entdeckt und freigelegt.

Blick auf den Tartini-Platz von der Taverna Tartini aus

TIPP

Den besten Blick auf den Tartini-Platz sowie über die Dächer hinweg auf St. Georg, Campanile und Taufkapelle genießt man vom Sitzgarten der „Taverna Tartini" aus. Das Café des Hotel Tartini ist ganzjährig geöffnet und bietet alles von Kaffee bis Hugo und Cocktails, Mehlspeisen, Snacks und À-la-carte-Angebot.

Ebenfalls zum Hotel Tartini gehört die Cocktail-Bar „Terasa Altana". Die oberste Etage der Bar ist eine aufs Dach angebaute Terrasse, von der aus man Piran beinahe aus der Vogelperspektive erlebt, mit Meeresblick bis zur Bucht von Savudrija, Blick auf den Tartini-Platz und über die Dächer Pirans.

Bei Reservierung werden die Speisen des Restaurants bzw.der Taverna auch auf der Terasa Altana serviert.

Café/Taverna Tartini: ganzjährig geöffnet,
Montag bis Samstag 7-22, Sonntag 8-22 Uhr.

Terasa Altana und Cocktail-Bar: Juni bis September, 18 bis 24 Uhr.

Hotel Tartini Piran: Mitte Jänner bis Mitte Februar geschlossen;
Details: wwww.hotel-tartini-piran.si, Tel. +386/ (0)5 67 11 000.

PIRAN – VOM MEER ZUR GEORGS-KIRCHE

Vom Tartini-Platz aus die Uferstraße Kidričevo nabrežje entlang erreicht man wenige Schritte nach dem Gerichtspalast den **Trevisini-Palast/Palača Barbojo Trevisini.** Der neoklassizistische Palast wurde in den Jahren 1824 bis 1826

Trevisini-Palast am Kidrič-Kai

gebaut. Benannt ist der Palast nach dem Auftraggeber des Baus, Giuseppe Barbojo, in den 1820er-Jahren Bürgermeister von Piran und Eigentümer mehrerer Salinen, sowie nach den späteren Eigentümern, der Familie Trevisini.

Blick vom Kai auf das Tartini-Theater (links) und das Aquarium

Nonna Pina, Shop mit ausschließlich slowenischen Produkten

TIPP

Nonna Pina: „Made with Love in Slovenia" ist Motto und Programm des Shops mit ausschließlich slowenischen Produkten, Schwerpunkt Küstenregion, von handgemachten Souvenirs bis Weinen und Bränden, Oliven- und Kürbiskernölen etc. aus der Region, eigener Schokoladelinie (Schwarze Schokolade mit Salzblüte, Schokoladen mit Feigen, Kürbiskernen etc.), Rosenblütenmarmelade etc. und angeschlossenem Weinkeller, in dem Degustationen angeboten werden.

Kidričevo nabrežje (anschließend an den Gerichtspalast), ganzjährig geöffnet, April bis September 10-23 Uhr, Oktober bis März 11-19 Uhr.

P. S.: Nonna Pina heißt übersetzt „Oma Pina" – der Legende nach hießen in früheren Zeiten alle Omas Pina.

An den Trevisini-Palast schließt ein kleiner Platz an, der Ribiški trg, der einst als Fischmarkt genutzt wurde. In der **Villa Piranesi,** dem ehemaligen Hafengebäude aus der ersten Hälfte des 19. Jahrhunderts, bietet das **Aquarium/Akvarij Piran** einen Einblick in die Unterwasserwelt. Die Meeres-Schau in den Räumlichkeiten der früheren Seefahrts- und Fischerschule ist seit 1967 in Betrieb und zeigt in 25 Becken die Vielfalt der adriatischen Unterwasserwelt: rund 200 Lebewesen und 140 verschiedene Arten von Meeresorganismen, von Sägebarsch und Dornhai bis Meeresspinnen und Polypen, Algen und Schwämme. 2008/2009 wurde das Gebäude entkernt und komplett saniert, das Aquarium neu entworfen und erweitert. In den oberen Stockwerken wurden Apartments eingerichtet.

Der ehemalige Fischmarkt mit dem Aquarium

Theater Giuseppe Tartini mit Café Teater an einem sonnigen Wintertag

TIPP

Aquarium/Akvarij Piran, Öffnungszeiten: Jänner bis März 9-17, April bis Mitte Juni 9-21 Uhr, Mitte Juni bis August 9 bis 22 Uhr, September bis Mitte November 9 bis 19 Uhr, Mitte November bis Dezember 9 bis 17 Uhr, www.aquariumpiran.com.

Gleich daneben steht das in Gelb strahlende **Theater/ Gledališče Giuseppe Tartini.** Das Theater wurde von Gioachino Grassi und Giacomo Zamatti entworfen und 1910 eröffnet. Stilistisch verbindet es den Jugendstil des Fin de Siècle mit dem Historismus, mixt blumige Jugendstilornamentik und griechische Göttinnen. Die Malereien schuf Napoleon Cozzi. Das Theater dient mehrmals im Jahr als Bühne für ausgewählte kulturelle Ereignisse. Im dem Meer zugewandten Teil befindet sich ein Café, das täglich geöffnet ist.

Detailansichten des Tartini-Theaters

TIPP

Café Teater: Auf der Terrasse des Theater-Cafés genießt man den Kaffee mit (dem besten) Blick aufs Meer und den Hafen. Dementsprechend begehrt sind die Terrassenplätze morgens bis spät in die Nacht. Abends verwandelt sich das Café in einen echten Hotspot des Piraner Nachtlebens. Im Angebot sind neben Kaffee und Tees, Croissants, Mehlspeisen, Toasts, ausgewählten Weinen, Cocktails etc. auch viel Musik, an Wochenenden im Sommer auch Livemusik.

Direkt am Meer bzw. Hafen gelegen, in einem Seitentrakt des Theaters Tartini; täglich geöffnet von 8 bis 24 Uhr; www.piranisin.com.

Bronzeskulptur an der Uferpromenade vor dem Theater Tartini, gewidmet dem serbischen Visionär und Gründer der „Schule der Ideen“ (Ideas Campus) Dragan Sakan (1950–2010): Piran, eine Stadt gebaut aus Büchern

Ein Spaziergang die lang gezogene Hafen-Mole entlang lohnt sich schon allein wegen der Fischerboote und der Jachten, die hier seit der Erneuerung und Erweiterung des Hafens ankern. Das Ende bzw. die Einfahrt der Mole markieren zwei Leuchttürme, die dem Hafen zwei von weitem sichtbare Farbtupfer geben, einen in sattem Grün und einen in kräftigem Rot. Die Leuchttürme stammen aus der Zeit, als Ende des 19. Jahrhunderts der Hafen erweitert wurde.

Hafenmole mit Leuchtturm und Blick auf die Punta

Schiffsprozession zum Fest Mariä Himmelfahrt (15. August)

Blick auf die Hafeneinfahrt und die Uferpromenade

Blick vom Campanile auf den Hafen

TIPP von

Marija und Savo Ristić, Wirtepaar der Gostilna Galeb, Pusterla 5: „Piran ist überall schön, egal ob dem Meer entlang oder im Inneren der Altstadt!"

Marija und Savo Ristić, Gostilna Galeb

Jugendstil-Juwel: das Hotel Piran

Detailansichten des Hotels Piran

Muggia-Stadttor an der Uferpromenade

Ein weiteres Jugendstil-Juwel ist der ältere Teil des 1913 eröffneten **Hotels Piran** am Prešernovo nabrežje, die Promenade das Meer entlang bis an die Spitze der Landunge. Der neuere Teil des Hotels wurde Mitte der 1980er-Jahre zugebaut. Der Bereich beim Café Teater und Hotel Piran ist als Stadtstrand ausgebaut. Unbedingt mitnehmen oder im Hotel leihen: Liegestuhl, Luftmatratze oder sonstige Liegeunterlage und Sonnenschirm!

Der Prešeren Kai ist meerseitig mit massiven Steinen gesichert, die Promenade entlang reihen sich Restaurants bzw. Cafés/Bars bis fast ans Ende der Landzunge Madona.

Wenige Meter nach dem letzten Restaurant in der Reihe betrat oder verließ man die Stadt durch das **Muggia-Tor/Miljska**

Kirche St. Klemens (Mariahilf) und Punta-Leuchtturm

vrata (auch: Mugla Tor). Das Stadttor aus dem 13. Jahrhundert ist eines der ältesten erhaltenen und wurde nach einer alten Gasse im Stadtteil Punta benannt, die zum Meer führt. „Die Punta“ ist übrigens der älteste Stadtteil Pirans.

Die **Kirche St. Klemens/cerkev sv. Klementa** wurde 1274 erstmals urkundlich erwähnt und ist gegen den Bau des Punta-Leuchtturms, der ebenfalls aus dem 13. Jahrhundert stammt, gelehnt. Ihr heutiges barockes Aussehen erhielt sie in den Jahren 1776 und 1777 nach Plänen des Piraner Architekten Zuane Dongetti. Die drei Marmor-Altäre schuf der Piraner Steinmetz-Meister Gašper Albertini in den Jahren 1779 bis 1794. 1890 wurde die Kirche restauriert. Sie war ursprünglich dem heiligen Klemens geweiht. Nach der Pestseuche im 17. Jahrhundert hat man sie umbenannt in **Kirche Mariahilf/cerkev Marije Zdravja** zu Ehren der Muttergottes als Fürbitterin zur Abwendung der Pest.

Der Leuchtturm in seiner heutigen neo-gotischen Rundform wurde in den Jahren 1854/1855 errichtet. Ein Feuer (griechisch: Pyr) an der Spitze der Landzunge wies Seefahrern

Punta-Leuchtturm

Innenraum der Kirche St. Klemens als Ausstellungsraum der Bronzeskulptur „Der Gekreuzigte“ des slowenischen Bildhauers Jakov Brdar (Sommer/Herbst 2014)

schon in der Antike den Weg um die Halbinsel und gab (vermutlich) der Siedlung den Namen Pyranon. Der Leuchtturm signalisiert auch heute noch Booten und Schiffen das Umfahren der Halbinsel und setzt mit seiner markanten Gestaltung der Punta quasi die Krone auf.

Pusterla-Badeplateau als Gastgarten im Frühjahr bzw. Herbst

TIPP

Ein ganz eigenes Erlebnis ist das Badeplateau, das an der Pusterla als Liegefläche und als Einstieg der Taucher ins Meer fungiert. Bevor im Herbst und im Frühling Wasser und Wetter das Baden zulassen, stellen die Cafetiers an warmen Tagen ihre Korbstühle und Tischchen auf diesem Plateau auf, und man trinkt Kaffee nicht am, sondern beinahe auf dem Meer, und blickt auf die Bucht von Triest.

Am Leuchtturm vorbei erreicht man die **Pusterla** genannte und der Hafenstadt Triest zugewandte Seite des Kaps Madona. Dieser Teil ist zwar wettermäßig etwas benachteiligt (weniger Sonnenstunden, mehr Wind), hat aber ebenfalls seine Reize.

Die gesamte Landzunge Madona ist ein Küstengebiet mit außergewöhnlich reicher Tier- und Pflanzenwelt und steht unter Naturschutz. Die Taucher der Meeresbiologischen Station Piran, einer Zweigstelle des Instituts für Biologie der Universität Laibach, und der dazugehörigen küstenozeanografischen Station auf der Piraner Punta starten an der Pusterla ihre Forschungstauchgänge.

Bevor der gepflasterte und befestigte Pusterlastrand in den Natursteinpfad in Richtung Fiesa übergeht, gibt es noch eine von Popart-Künstler Vasco Vidmar kunstvoll in Szene gesetzte Stützmauer zu bewundern, die allerdings viel zu oft auch weniger begabte Graffitikünstler zur Mitgestaltung animiert. Von hier wieder ein paar Schritte zurück führt die Pusterla genannte Gasse zu einem Fußpfad hinauf auf den Hügel zum St.-Georgs-Dom.

Die weithin sichtbare **Pfarrkirche des heiligen Georg/župna cerkev sv. Jurija** dominiert vom Hügel aus die Stadt. Der Kirchenkomplex besteht aus der Pfarrkirche, dem **Glockenturm/Zvonik cerkve sv. Jurija** und der **Taufkapelle des heiligen Johannes des Täufers/Krstilnica sv. Janeza Krstnika.** Das Ensemble gilt als bedeutendes Architektur- und kunsthistorisches Denkmal der Epochen Renaissance und Barock.

Der mit massiven Steinen gesicherte Pusterla-Kai als „Spielwiese“ für Steinbildhauer

„Mauerkunst“ an der Pusterla von Vasko Vidmar

St.-Georgs-Kirche mit Glockenturm und Taufkapelle

Pfarrkirche des heiligen Georg: Im 16. Jahrhundert wurde der schmale Grat des Hügels, der an der Nordseite senkrecht zum Meer hinabfällt, durch Stützmauern und Terrassenanlagen einerseits befestigt und wegbarer gemacht, andererseits unterstreichen die mit großzügigen Bögen strukturierten Mauern die Bedeutung und Dominanz der Kirchenanlage. Die Arbeiten an Zufahrten und Wegen zur Kirche und die Mauerbögen

Eingangsfront der Georgs-Kirche

Vergoldete Georgs-Skulptur

zur Befestigung der Anlage wurden zum Teil erst Ende des 18. Jahrhunderts beendet.

Ein Bauwerk – möglicherweise zu Verteidigungszwecken, möglicherweise ein Tempel – soll schon in der Antike hier am Hügel errichtet worden sein. Die Reste eines Fundaments, das unter der Kirche gefunden wurde, lassen keinen Schluss auf die Verwendung zu. Die Christianisierung des Küstengebietes begann

Hauptaltar der Georgs-Kirche

ab dem 4. Jahrhundert, die erste Kirche hier am Hügel wurde vermutlich im 6. oder 7. Jahrhundert erbaut, die erste Taufkapelle im 7. oder 8. Jahrhundert. Gemäß historischen Quellen ist die Existenz der Pfarrkirche ab 933 belegt. Geweiht war sie (vermutlich) dem heiligen Maximilian, einem frühen christlichen Märtyrer. Im 14. Jahrhundert wurde die ursprünglich romanische Kirche zu ihrer heutigen Größe ausgebaut.

Dem heiligen Georg wurde sie am Georgstag (23. April) des Jahres 1344 von neun Bischöfen und unter Beisein des venezianischen Gouverneurs Marco Continari geweiht. Der Weihe ging das „Wunder von St. Georg" voraus: In der Nacht vom 20. zum 21. Juli 1343 tobte ein schrecklicher Sturm über Piran. Während des Sturms erblickten zwei Fischer auf See plötzlich den heiligen Georg auf einem weißen Pferd zwischen den Wolken. Der Heilige vertrieb die Wolken und rettete die Stadt vor einer Naturkatastrophe. Daraufhin begannen die Piraner aus Dankbarkeit ihre Kirche auszubauen und neu zu gestalten. Ein Modell dieses gotischen Baus ist im Museum der Kirche ausgestellt.

1592 begann die nächste große Umgestaltung, nachdem ein päpstlicher Gesandter aus Angst um die Sicherheit von Gottesdienern und Gläubigen dringend dazu geraten hatte. Weitge-

Kirchenraum mit Blick zur Orgel

hend auf den vorhandenen Grundfesten wurde die neue Kirche, wie wir sie heute sehen, nach Vorbild des venezianischen Architekten Andrea Palladio (1508-1580) gebaut und am 25. April 1637 vom Bischof von Koper geweiht.

Tragende Mauern, Gewölbe und Dachstühle mussten und müssen aufgrund der starken Erosion durch das Meer regelmäßig durchgeführt werden. Die nächste große Renovierung war Mitte des 18. Jahrhunderts notwendig, ursprünglich geplante größere Änderungen wurden allerdings nicht durchgeführt. Einzig der Hochaltar wurde neu gebaut: Steinmetz-Meister Gasparo Albertini schuf 1778 den neuen (der noch heute das Presbyterium schmückt) nach Vorbild des Altars aus dem Jahre 1640. Insgesamt besitzt die Pfarrkirche sieben Altäre. Die Barockorgel des venezianischen Orgelbaumeisters Petar Nakić (Pietro Nacchini) stammt aus dem Jahre 1746.

Ende des 19. Jahrhunderts folgte eine weitere Renovierung, die der Triestiner Architekt Giovanni Righetti leitete. Dringend fällig war damals die Erneuerung des Daches. Die Innenrenovierung nahm Righetti ganz dem Zeitgeist entsprechend im Stil des Historismus vor.

Massive Stützmauern sichern den Kirchenhügel.

TIPP von

Bojan Razdevšek, Inhaber des Shops „Nonna Pina" und Betreiber der Žižola Kantina, stammt aus Laibach: „Wenn man einmal hier ist, braucht man sonst nichts, die Stadt hat so viel zu erzählen. Was man aber keinesfalls versäumen soll, ist eine Besichtigung der Georgs-Kirche mit dem Museum und ein Besuch des Seefahrtsmuseums Sergej Mašera, um die Tradition und Geschichte kennen zu lernen. Als Lokaltipp empfehle ich gerne das Restaurant Ivo an der Promenade: Hier gibt's frischen Fisch, auf hohem Niveau zubereitet und zu vernünftigen Preisen."

Gostilna Ivo, eines der von Einheimischen meist empfohlenen Restaurants, vor allem wegen der Fischgerichte. An der Uferpromenade, fast am Ende der Lokalzeile; täglich geöffnet 11-23 Uhr.

In den 1990er-Jahren begann man mit archäologischen Untersuchungen und der Restaurierung erster Bilder. Zwischen 2002 und 2005 war die Kirche wegen umfangreicher Konservierungs- und Renovierungsarbeiten geschlossen, im August 2005 wurde sie wieder geöffnet. Die Arbeiten sind zum Teil noch im Gange und werden vom Institut zum Schutz des Kulturerbes in Slowenien beaufsichtigt.

Die hölzerne Kassettendecke mit Leinwandmalereien stammt aus der Barockisierung der Kirche im 17. Jahrhundert und der

Renovierung Ende des 19. Jahrhunderts. Die mehrfärbige und vergoldete Georgs-Plastik zwischen den Seitenaltären an der linken Seite des Kirchenschiffes ist ein Werk von Giovanni Maria Gasparini aus dem Jahr 1677.

Im Presbyterium mit der halbkreisförmigen Apsis und blauem „Sternenhimmel" stehen barocke Chorgestühle, an den Wangen hängen zwei Gemälde des Meisters Angelo de Coster aus dem 17. Jahrhundert, eine Darstellung des „Wunders von St. Georg" und „Die Messe in Bolsena" sowie ein Gemälde des Triestiner Malers Giovanni Pagliarni, „Das Martyrium des heiligen Georg". Über dem Chorgestühl hängt auf der rechten Seite des Presbyteriums seit 2009 ein besonderes Denkmal der gotischen Bildhauerkunst: „Der Gekreuzigte aus Piran" aus dem frühen 14. Jahrhundert. Die sehr aufwändig restaurierte Holzplastik auf einem y-förmigen Kreuz wird in einer Glasvitrine präsentiert, die das Eindringen schädlicher Umweltfaktoren verhindert.

INFO

Die **Georgs-Kirche** ist die einzige in Piran, die man auch außerhalb von Messzeiten betreten kann, und zwar in Verbindung mit dem Besuch des Pfarrmuseums. Eintritt: bescheidene 2 Euro. Im **Pfarrmuseum/Župnijski muzej sv. Jurija** sind kunstvolle Exponate früherer Kirchenausstattung ausgestellt sowie Plastiken und Bilder. Unter dem Kirchenschiff sind archäologische Funde sowie Überreste der alten Bausubstanz aus verschiedenen Perioden zu sehen, außerdem das Holzmodell der alten gotischen Kirche und eine Dokumentation über die Restaurierung des „Gekreuzigten von Piran". Öffnungszeiten: ganzjährig, Montag, Mittwoch bis Freitag 10-16 Uhr, Sonntag 10-18 Uhr.

Glockenturm: Zeit sollte auch sein, den Campanile zu besteigen. Für nur 1 Euro erhält man eine Aussicht, die ohnehin unbezahlbar ist sowie ein Fitnessprogramm über 146 Stufen hinauf auf den 46 Meter hohen Turm. Öffnungszeiten: April bis November täglich 10-18 Uhr (außer bei Regen und starkem Wind).

Bemerkenswert ist weiters die Domorgel aus dem Jahre 1746, ein Werk des venezianischen Orgelbaumeisters Petar Nakić, einem Franziskanermönch aus Dalmatien. Nach mehreren Generalüberholungen ist die Orgel heute noch in Betrieb; im Sommer gibt es regelmäßig Orgelkonzerte, nicht versäumen! Die Zeit, die es braucht, um die Georgs-Kathedrale zu besichtigen, sollte man sich nehmen!

Statue des Erzengels Michael auf der Spitze des Glockenturms

Der **Glockenturm/Zvonik cerkve sv. Jurija** in Piran ist eine (kleinere) Kopie des Campanile von San Marco in Venedig, der Ende des 14. Jahrhunderts errichtet und zu einem beliebten Vorbild für istrische Kirchenplaner wurde. Der frei stehende Turm wurde 1608 fertiggestellt und ist ein Werk des venezianischen Steinmetzes Bonfante Torre (der zu der Zeit auch die nördliche Befestigungsmauer verstärkte) und der Baumeister Zorzi Potto und Hierolemo Matabon. Für den Bau wurden in erster Linie weißer und grauer Stein verwendet, die dem doch sehr schlicht gehaltenen Turm Struktur verleihen. Am Fries des viereckigen Turmes verläuft eine begehbare Balustrade um den Turm herum, auf deren Höhe die Glocken hängen; eine davon stammt aus dem 15. Jahrhundert. An der Spitze des Turmes steht ein weiterer Wächter über das Wohl der Piraner: die Bronzestatue des Erzengels Michael, der schützend seine Hände über die Stadt breitet. Der Erzengel ist ein Werk von Giovanni Battista di Rossi aus Cervignano und beschützt Piran seit 1641. Und das funktioniert so: Dreht er der Stadt den Rücken oder eine seiner Seitenansichten zu, hält er bedrohliche Winde (also Bora & Co.) ab, dreht er sich zur Stadt, beschützt er selbige vor eben jenen Winden, die er nicht abzuwenden vermochte.

Einsichten in den Campanile von Piran

Aussichten vom Campanile von Piran

Blick über Piran vom Campanile aus

Taufkapelle des heiligen Johannes des Täufers

Taufkapelle: Ein Baptisterium gab es bereits im 7./8. Jahrhundert. Die heutige Taufkapelle wurde im Jahr 1650 fertiggestellt und ist damit das jüngste Gebäude des Kirchenkomplexes. Charakteristisch ist die achteckige, barocke Ausgestaltung mit einer schmalen Kuppel und einem kleinen Chor an der Nordseite. Das Taufbecken war ursprünglich ein antiker römischer Sarkophag aus dem 1. Jahrhundert; das Becken ziert ein Delphinrelief und eine Figur mit Flügeln. Der Altar im Presbyterium ist Johannes dem Täufer bzw. der Taufe Jesu gewidmet und stammt von einem venezianischen Maler, datiert mit 1693. Die Taufkapelle ist aktuell ein „work in progress" im Sinne der bestmöglichen historischen Restauration. Vor und nach Weihnachten und Ostern ist die Taufkapelle eine der stimmigsten Stationen der Krippen- bzw. Kreuzweg-Ausstellungen.

Unterhalb der Taufkapelle befindet sich das Pfarrzentrum mit Veranstaltungssaal und großzügigem Garten, das vor allem als Örtlichkeit für Pfarr-Events dient, im Sommer unter anderem für Open-air-Kinovorführungen und andere kulturelle Ereignisse.

Nach dem doch einigermaßen anstrengenden Auf- und Abstieg führt der gemütlichste Weg hinunter zum Tartini-Platz über die IX Korpusa ulica, an deren Ende man bei der „Venezianerin" den Platz betritt.

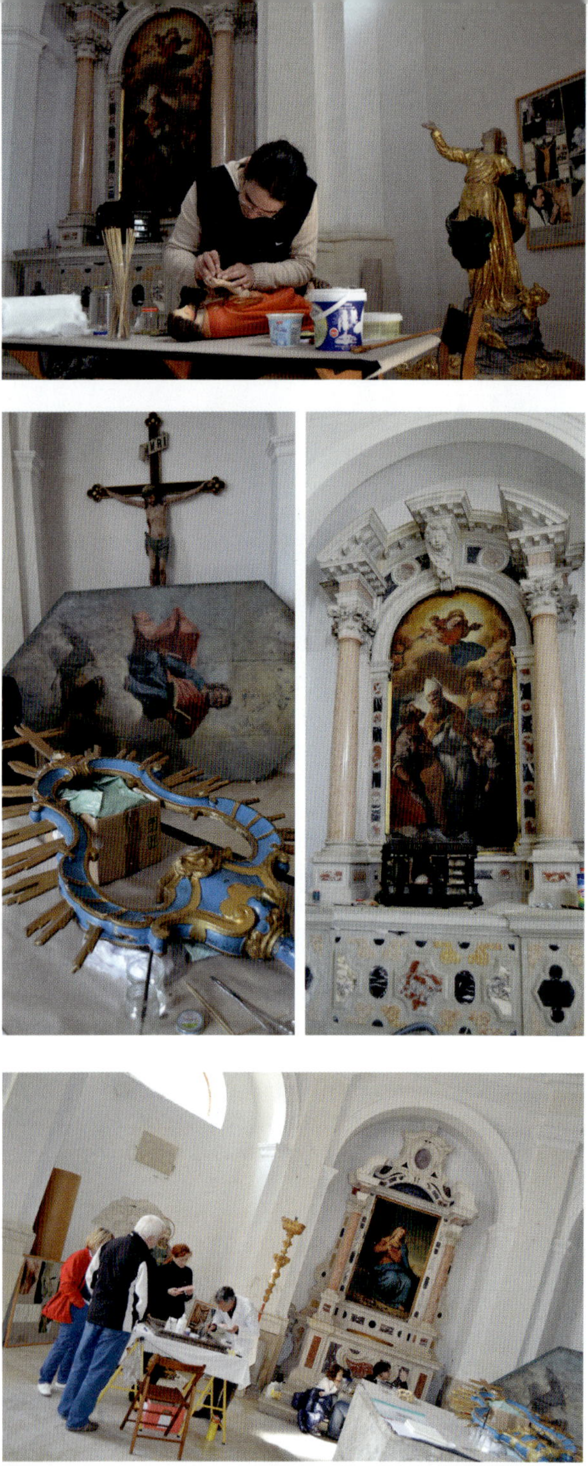

Restaurationsarbeiten in der Taufkapelle

Konzert in der Georgs-Kirche, am Bild: Der griechische Geiger Dimitris Karakantas mit dem „Ensemble 1756“ (Tartini-Festival 2014)

TIPP

Tartini-Festival: Die St.-Georgs-Kirche dient im Sommer auch als „Konzerthaus“, beispielsweise im Rahmen der internationalen Kammermusik-Konzertreihe „Tartini Festival“ (August/September); Infos: www.tartinifestival.org.

Piran – Zur Stadtmauer

Mitten im oder besser durchs Barockhaus am Tartini-Platz beginnt die Ulica Svobode; der dritte überbaute Durchgang ist das 1533 erbaute **Marciana-Tor/Marčana vrata,** durch das man das ebenso benannte Stadtviertel betrat bzw. verließ.

Blick vom Barockhaus am Tartini-Platz auf die Stadtmauer

UND RETOUR

Das Renaissance-Tor war Teil der dritten Stadtmauer und die letzte größere Aktivität in Sachen Stadtbefestigung. Auf der stadtauswärts gelegenen Seite ziert der Venezianische Löwe das Tor.

Marciana-Stadttor

Rochus-Kirche zur Osterzeit während der Kreuzweg-Ausstellung

Rochus-Kirche am (verparkten) Rochus-Platz

Durch das Marciana-Tor gelangt man auf den Trg bratstva (Platz der Brüderlichkeit), auch Rokov trg (Rochusplatz) genannt. Am stadtauswärts gelegenen Ende des Platzes steht die **Rochus-Kirche/cerkev sv. Roka.** Der heilige Rochus von Montpellier ist der Schutzpatron der Pestkranken und der Haustiere. Der Legende nach half er auf seiner Pilgerfahrt nach Rom vielen Pestkranken, bevor er selbst an der Pest erkrankte und 1327 daran verstarb. Die barocke Kirche stammt aus dem 17. Jahrhundert. Der Altar wurde 1717 geweiht, die Holzstatuen stammen von einem venezianischen Schnitzer, die Figur des heiligen Rochus von Micheli Fanola aus dem Jahr 1729.

Vom Rochusplatz aus (beim Stadttor) bietet die Gortanova ulica im ersten Abschnitt einen Eindruck vom Flair des ummauerten Stadtlebens von einst. Nach dem stufigen Gassenteil führt die Rozmanova ulica (nach links) weiter in Richtung **Stadtmauer/Piransko obzidje.**

Gortanova ulica hinauf zur Stadtmauer

Das letzte Stück des Aufstiegs auf den Hügel Mogoron verläuft entlang der äußeren Seite der Stadtmauer bis zum Parkplatz am Ende der IX Korpusa ulica, wo sich der Eingang in den Bereich der zum Teil begehbaren dritten Stadtmauer befindet. Die Mauer mit den sieben Verteidigungstürmen ist der umfangreichste und besterhaltene und markiert das Ende des historischen Stadtkernes.

Blick von der Rozmanova ulica zur Georgs-Kirche

Außenseite der Stadtmauer

Das „Stadtmauer-Wirtepaar“ Tanja und Zoran Dimitrievich

TIPP

Okrepčevalnica Obzidje: Am höchsten Punkt von Piran bieten die Wirtsleute Tanja und Zoran Dimitrievich Stärkung „an der Mauer“. Die Pommes sind „handgeschnitzt“, das Pleskavica ebenso hausgemacht, die Karte besteht aus Küste-/Karst-typischer „Hausmannskost“ und wenn der Schlachttag passt: Blutwurst mit Kraut und Erdäpfelschmarren.

Ganzjährig geöffnet, Sommer 10-24 Uhr, Winter 11-21 Uhr
(2 Wochen Betriebsurlaub im November).

Teile der Stadtmauer wurden ab den 1970er-Jahren saniert und befestigt; Sanierung und (zum Teil) Rekonstruktion wurden in den Jahren 2003 bis 2007 fortgesetzt und der Stadtmauerteil am Kamm des Mogoron-Hügels zudem für Besucher durch Treppen und Verbindungsbrücken begehbar gemacht. Seit 1991 ist Piran Mitglied des internationalen Verbands „Freundschaftskreis der Stadtmauerstädte“ (The Walled Towns Friendship Circle) mit Sitz in Tenby (Großbritannien).

Stadtmauer und Stadttürme am Mogoron-Hügel sind begehbar.

Sieben der einst acht Türme der dritten Stadtmauer sind erhalten.

TIPP

Mauer-Walk: Was einst vor Eindringlingen schützte, ist heute ein Muss für die willkommenen Eindringlinge, sprich: die Besucher der Hafenstadt. Von der Stadtmauer aus hat man einen grandiosen Ausblick nicht nur in alle Richtungen, sondern aufgrund der Länge (ca. 100 Meter) der begehbaren Mauer und der Türme auch aus verschiedenen Blickwinkeln. Der Aufstieg lohnt also nicht nur wegen des Fitness-Aspekts durchs Stufensteigen! Das bescheidene Entgelt für den Mauer-Walk beträgt 1 Euro (Eintritt durch ein Drehkreuz mit 1-Euro-Münzeinwurf); bequemes Schuhwerk empfohlen!

Öffnungszeiten: ganzjährig, morgens bis Abenddämmerung.

Jener Teil der Verteidigungsanlage am Hügel Mogoron, der bis heute das mittelalterliche Stadtbild prägt und zu den sehenswerten Baudenkmalen zählt, wurde in den Jahren 1470 bis 1534 errichtet. Von den ursprünglich acht zinnenbewehrten Türmen sind sieben erhalten. Die Außenseite der Stadtmauer ist ungewöhnlich hoch und weist eine fürs Mittelalter typische Wehrmauer mit sanfter Abschrägung nach unten hin auf. Die Stadtmauer entstand stufenweise, der überwiegende Teil gleichzeitig mit dem Gebrauch des Schießpulvers, was eine veränderte Verteidigungsstrategie durch Zinnen erforderte.

Beim „Festival obzidja“ (Kunst- und Musikfestival an der Stadtmauer, Ende August/Anfang September) wird die Stadtmauer zum Open-air-Schauplatz.

INFO

Pirans Befestigungsmauern: Der älteste Stadtteil Pirans auf der Landzunge (Punta) war schon ab dem 7. Jahrhundert umbaut, dieser Mauerverlauf wird als erste Stadtmauer bezeichnet. Vier Stadttore, von denen drei aus späteren Umbauphasen erhalten sind, teilten die Punta in nach den Toren benannte Stadtviertel: das Muggia-Tor/Miljska vrata am Turšičev trg zur Prešernovo nabrežje (am Kai; freigelegte Überreste aus dem 13. Jahrhundert), das Dom-Tor (nicht freigelegt), das Mittel-/Misana-Tor an der Vidalijeva ulica (freigelegte Reste aus dem 15. Jahrhundert) und das Feld-/Campo-Tor an der Trubarjeva ulica (freigelegte Reste aus dem 13./14. Jahrhundert).
Mit der Stadtentwicklung dehnte sich die im 13. und 14. Jahrhundert errichtete (zweite) Stadtmauer in Richtung Südosten aus und umfasste neue Stadtteile, die ursprünglich außerhalb der Mauer entstanden waren. Einziger (freigelegter bzw. erhaltener) „Zeitzeuge“ dieser Bauphase: das erste Raspo-Tor.
Die dritte Stadtmauer riegelte die gesamte Halbinsel wie ein großes, langgezogenes Schutzschild vom Festland ab und entstand ab dem Beginn des 15. Jahrhunderts. Stadttore und Stadtmauern hatten im Mittelalter nicht nur den Zweck, die reiche Hafenstadt und deren Bewohner vor kriegerischen Bedrohungen zu beschützen, sondern auch der Einschleppung ansteckender Krankheiten vorzubeugen. Die (dritte) Stadtmauer erstreckte sich ursprünglich über den gesamten Sattel des Mogoron-Hügels und endete mit dem achten (nicht erhaltenen) Verteidigungsturm am Rochus-Platz.

Lothar Ostermeier, ein Bayer in Piran

TIPP von

Lothar Ostermeier, gebürtig aus München, lebt seit 14 Jahren in Piran, nahe am Tartini-Platz: „Oben an der Stadtmauer genieße ich die Ruhe, den Ausblick aufs Meer und auf die Stadt, und bewundere die Menschen, die vor Hunderten von Jahren Gemäuer bauten, die heute noch Bestand haben. Außerdem findet man hier selbst an den heißesten Tagen einen schattigen Platz zum Ausruhen."

Am Rückweg (vom Parkplatz aus) entlang der inneren Seite der Stadtmauer kommt man beim **Zweiten Raspo-Tor/Druga Rašporska vrata** in die Rozmanova ulica. Das Tor mit typisch gotischem Spitzbogen und den noch sichtbaren Steintürangeln wurde 1470 erbaut.

Die Gasse zurück zum Tartini-Platz führt kurz vorm Ziel durch das **Erste Raspo-Tor/Prva Rašporska vrata,** das das einzige erhaltene Tor der zweiten Stadtmauer aus dem 13./14. Jahrhundert ist. Die Straße endet an der Rückseite des Barockhauses, wo der Rundgang startete.

Zweites Raspo-Stadttor

TIPP

Žižola Kantina: Lässige Café-Bar am Tartini-Platz „zu ebener Erd" im Barockhaus, Sitzgarten am Platz. Innen winzig, aber feinst sortierte Drinks und Cocktails inklusive regionalem Angebot wie Žižola-Brand, Malvazija- und Refošk-Likör. Ganzjährig geöffnet 8-22 Uhr (im Sommer auch länger).

Erstes Raspo-Stadttor

Impressionen aus der „Stadtmauer-Perspektive“

Piran – Über den 1.-Mai-Platz

Vom Tartini-Platz aus führt die Gasse zwischen Gerichtspalast und Gemeindepalast zum Gemüse- und Fischmarkt am Zelenjavni trg. Hier erhält man einen Überblick über den agrarischen Reichtum Istriens. Hier erhält man einen Überblick über den agrarischen Reichtum Istriens: Gemüse, Salate,

Blick vom Campanile auf den Marktplatz

ZUM MINORITENKLOSTER

Südfrüchte der Saison – von den allgegenwärtigen Feigen bis zur an der slowenischen Küste einzigartigen Žižola-Frucht (wissenschaftlicher Name Ziziphus jujuba, auch Jujube oder Chinesische Dattel genannt). Den Fang der Piraner Fischer hält man im ebenfalls hier am Platz errichteten Fischmarkt kühl.

Der Piraner Gemüse- und Obstmarkt

Mittel-Stadttor und Obzidna ulica

Vom Markt aus in Richtung Meer gelangt man durch das **Mittel-Tor/Osrednja vrata** aus dem 15. Jahrhundert. Die Gasse, die vor dem Durchgang rechts weggeht, ist die Obzidna ulica, die ein beeindruckendes Zeugnis davon gibt, wie man einst die nicht mehr benötigten Stadtmauern verbaute: Der Häuserblock hier lehnt sich quasi an die mittelalterliche Mauer, die oberen Stockwerke ragen sogar ein Stück weit über die Mauer, um den doch eher beengten Bauraum bestmöglich zu nutzen.

Durchs Mittel-Tor betritt man die Partizanska ulica hin zum Tomažičev trg.

Dolfin-Stadttor mit dem Drei-Delphinen-Wappen

Am Tomažičev trg wenden wir uns nach rechts und erreichen die Savudrijska ulica, an der das schönste erhaltene gotische Stadttor liegt, das **Dolfin-Tor/Dolfinova vrata.** Das einzige Tor

TIPP

Atelier Duka: An der Partizanska ulica liegt auf der linken Seite die Galerie Atelier Duka, eine auf Keramikkunst spezialisierte Galerie, die neben ihrer Verkaufsausstellung regelmäßig auch Sonderschauen slowenischer und internationaler Keramikkünstler und Maler zeigt.

Ganzjährig geöffnet, Montag bis Samstag 9-13, 16-19 Uhr; Juli-August 9-13, 18-22 Uhr; www.duka.si.

Haus Benvenuti (oben) und Barockhaus an der Levstikovas ulica

Der 1.-Mai-Platz

mit an beiden Seiten erhaltenem gotischen Spitzbogen ließ der damalige Bürgermeister Dolfin im Jahr 1483 errichten und zeigt dessen mit drei Delphinen geschmücktes Wappen.

In dem Gebäude unmittelbar vor dem Dolfin-Tor ist das Stadtarchiv untergebracht, das Originaldokumente ab dem Jahr 1173 verwahrt. Die Abschriften der ältesten Dokumente stammen aus den Jahren 1036 und 1041. Archiviert sind 1.800 Pergamenturkunden (von 1173 bis 1887), über 170 Dogenbriefe (1263-1699), die Piraner Gemeindestatuten (die älteste von 1307), 9.000 Testamente und viele Dokumente mehr.

Durch das Dolfin-Tor hindurch betritt man durch einen weiteren Torbogen die Obzidna ulica, die (nach rechts) zurück zum Markt (Zelenjavni trg) führt. Am Markt, zwischen der Bäckerei und einem kleinen Laden, betritt man die Levstikova ulica, die nicht nur wegen des blauen Venezianerhauses, dem **Haus/ Hiša Benvenuti**, einen sehr reizvollen Einblick in die Vergangenheit dieses Stadtteiles bietet. Das neogotische Gebäude wurde 1861 von Architekt Giuseppe Moso errichtet und beherbergt heute die Musikschule.

Am Ende der Levstikova gibt es ein weiteres **Barockgebäude/ Baročna stavba** aus dem 17. Jahrhundert zu sehen, bevor es über die Savudrijska ulica (nach rechts) in die Verdijeva ulica (links abbiegen) zum **1.-Mai-Platz/Prvomajski** trg geht. Hier am Kreuzungspunkt der Hauptstraßen des alten Piran liegt der Mittelpunkt der Punta. Die frühere Bezeichnung „Alter Platz“ verweist darauf, dass dieser bis ins 13. Jahrhundert das Zentrum der Stadt war, an dem der alte Stadtpalast stand. An dessen Standort befindet sich heute das Restaurant „Verdi“.

Zisterne und Barockhaus (hinten, Mitte)

Zisternen-Putto

Den 1.-Mai-Platz mit venezianischer Struktur dominiert der große Wasserspeicher, den die Stadtväter nach einer schweren Dürre im Jahr 1775 zum Sammeln des Regenwassers errichten ließen. In die Zisterne wurden die Dachrinnen der benachbarten Häuser geleitet. Die Niederschläge sickerten durch Steinblöcke und Sand in den Brunnen, und das auf diese Weise gereinigte Wasser pumpten die Piraner mit einer bis heute erhaltenen Handpumpe in ihre Gefäße. Vier Steinfiguren zieren das frühe Ökosystem: Im hinteren Teil leiten zwei steinerne Engel das Regenwasser in den Brunnen, einer der Putti hält einen Krug, der andere einen Fisch in der Hand.

Allegorische Frauenstatue: Gerechtigkeit

Blick über den Giebel der Galerie St. Donat zum Campanile

Den Zugang auf die Plattform säumen zwei steinerne Frauenfiguren, die Gerechtigkeit und Gesetz symbolisieren. Die allegorische Figur für Gerechtigkeit (rechts der Treppe) trägt ein Schild mit Stadtwappen sowie den Wappen der Familien Marcello und Bemba. In den Schild der Gesetzesordnung sind Jahrgang und Zweck des Baus sowie Namen von Bürgern gemeißelt, die den Bau finanziell unterstützten.

Rechts der Zisterne befindet sich der älteste erhaltene Bau des Platzes, die 1325 fertig gestellte Kirche St. Donat. Der ehemalige Sakralbau dient heute als Galerie. Den Umbau zur

Tänzchen mit Bürgermeister Peter Bossman am St.-Georgs-Fest

Kindertheater am 1.-Mai-Platz

Galerija sv. Donat plante Architekt Boris Podrecca und führte diesen in den Jahren 1989/1990 aus.

Hinter dem Wasserspeicher ragt ein original erhaltenes Barockhaus drei Stockwerke hoch empor, das im 17. Jahrhundert errichtet wurde.

Der 1.-Mai-Platz ist heute immer noch ein beliebter Treffpunkt der Piraner, auch wenn der Tartini-Platz diesem alten Zentrum den Rang abgelaufen hat. Die Brunnenplattform dient den Wirtsleuten am Platz als (verlängerter) Gastgarten; auf der Zisterne sowie am ebenerdigen Platz finden vor allem im Sommer Konzerte, Tanz-, Theater- und Kindertheater-Vorführungen statt.

Andreja Frelih, Direktorin des Hotels Tartini Piran

Die Gregorčičeva ulica führt durch typische Piraner Altstadt-Gassenromantik bis zum Punta-Leuchtturm, den man umrundet und am Ende des Badeplateaus durch einen überbauten Gebäudekomplex (Gostilna Galeb, am Pusterla benannten Pfad zur Georgs-Kirche) einen kleinen unbenannten Platz betritt mit einem weiteren Zeugnis gotisch-venezianischer Baukunst aus dem Jahre 1487.

TIPP von

Andreja Frelih, Direktorin Hotel Tartini Piran, stammt aus Bled, lebt seit zehn Jahren in Piran: „Originell ist der Take-away-Fischstand am 1.-Mai-Platz, wo man die frittierten Fische mitnehmen oder mit einem Getränk aus der Cantina daneben an und auf der Zisterne genießen kann.
Ein Erlebnis mit viel originaler Fischer-Atmosphäre ist ein Fischmenü am Podlanica-Hausboot im Hafen von Piran, wo gekocht wird, was der tägliche Fang hergibt. Das beste Eis in Portorož gibt es in der Café-Bar Cacao." Fritolina pri cantini: Sea Food frittiert oder gegrillt, Tortillas, Polenta, zum Mitnehmen oder hier essen, Prvomajski trg 10, geöffnet März bis November 11-23 Uhr (Sommer bis 24 Uhr).

Cantina: Okrepčevalnica, uriges Beisl mit Buschenschank-Charme; auf der Karte Pršut, Sardellenfilets etc., lokaler Refošk und Malvazija, Weinreben umrankter Gastgarten; Cantina und Fritolin arbeiten (und gehören) zusammen; ganzjährig geöffnet 7-24 Uhr.

Ladja Podlanica Fish Boat Restaurant: am Hafen/Kidrič-Kai; ganzjährig und täglich geöffnet, in den Sommermonaten bis 22 Uhr, im Hochsommer auch länger (dafür Siesta von 15 bis 18 Uhr), in den Wintermonaten bis 20 Uhr.

Gassenromantik ...

... in der Punta

Kirche St. Stefan

TIPP

Gostilna Galeb: Marija und Savo Ristić (Küche) servieren hier slowenische Hausmannskost, Fische, die der Fischer persönlich liefert, selbst „gedrehte" Čevapčiči, Pleskavica, Koteletts vom Rost etc. und dazu unschlagbar gute Bratkartoffeln und Gemüse, das vom Markt und nicht aus der Gefriertruhe kommt. Reservieren kann nicht schaden!

Öffnungszeiten, 12 bis 16, 18 bis 23 Uhr (Sommer bis 24 Uhr); Jänner geschlossen, Pusterla 5, +386/ (0)5 673 3225.

Wir lenken unsere Schritte wieder in Richtung Tartini-Platz und gelangen durch einen weiteren Torbogen auf die Bonifacijeva ulica bis zum 1.-Mai-Platz, diesmal an der Rückseite der Zisterne. Vorbei am Barockhaus betritt man die Trubarjeva ulica und steht bald vor einem der ältesten Sakralbauten der Stadt: die **Kirche St. Stefan/cerkev sv. Štefana.** Dieser Teil der Altstadt war im Mittelalter das so genannte Judenviertel, der Židovski trg (Judenplatz) war ein weiteres Zentrum der Punta. Der Platz ist zwar heute kein öffentlicher, aber durch das schmiedeeiserne Tor neben der Kirche zu sehen.

Innenraum der Stefans-Kirche (während der Ausstellung von Kreuzweg-Bildern in den Piraner Kirchen zur Osterzeit)

TIPP

Mauerblümchen: Wer mag, kann auf Höhe der Hausnummer 15 die Trubarjeva nach links verlassen und über die Vodopivčeva ulica einen kleinen Umweg einschlagen hinauf in Richtung Georgs-Kirche. Die gepflasterten Gassen werden bald abgelöst von steinernen Stufen und zum Teil recht engen Gässchen, die zur Befestigungsmauer der St.-Georgs-Kirchenanlage gehören. Abgesehen von der Leistung der mittelalterlichen Baumeister und Statiker ist es die Flora, die hier einen gewaltigen Eindruck hinterlässt: Diverse „Mauerblümchen", Kapernbüsche und einiges mehr gedeihen bestens inmitten des steinreichen Stützwerks. Kurz vor den letzten paar Stufen hinauf zur Kirchenplattform geht es quasi spiegelverkehrt wieder hinunter zur Trubarjeva. An einer T-Kreuzung nehmen wir den rechten Weg hinab und setzen den Rundgang fort.

Die St.-Stefans-Kirche war im 13. und 14. Jahrhundert eine Synagoge, erhielt im 17. Jahrhundert ihre heutige barocke Gestalt und war der Sitz der „Bruderschaft für die glückliche letzte Stunde". Den Altar zieren eine Skulptur des heiligen Stefan sowie des heiligen Lorenz, den Kirchenraum Gemälde von Jacopo und Matteo Palma.

Kapernblüte entlang des steinernen Pfades zur Georgs-Kirche

Die Trubarjeva ulica führt uns schließlich zum **Campo-Tor/ Poljska vrata** aus dem 15. Jahrhundert, einem weiteren Zeugen aus der Zeit des durch Mauern geschützten Piran, durch das man von der Punta in den Bereich des früheren Stadthafens gelangte. Zum Teil sind auch hier Überreste der Stadtmauer erkennbar, die pittoresk mit den Um- und Zubauten im Laufe der Jahrhunderte verschmelzen. Die gotische Bogenform des Campo-Tores ist auf der dem Tartini-Platz zugewandten Seite erhalten.

Campo-Stadttor von beiden Seiten

Den Tartini-Platz erreicht man hier am Schnittpunkt mit der IX Korpusa ulica mit der „Venezianerin“ als prominenten Eckpunkt und einem Jugendstilgebäude, das die Hausnummer 1 trägt und aus dem Beginn des 20. Jahrhunderts stammt. Die Gasse selbst beherbergt einige Ateliers von Piraner Malern und Kunsthandwerkern, denen man bei ihrer Arbeit über die Schultern blicken kann. Bilder, Skulpturen, Schmuck und anderes Kunsthandwerk säumen bei entsprechendem Wetter die Gasse und verstärken das Flair der Künstlerstadt.

Jugendstil an der Ulica IX korpusa

Die Ulica IX. korpusa erstreckt sich bis hinauf zur Stadtmauer, wir folgen ihr aber nur bis zur Istrska ulica, an deren Eckpunkt die **Kirche Maria Trost/cerkev Marije Tolažnice** steht. Sie stammt ursprünglich aus dem Jahre 1439 und war früher dem heiligen Michael geweiht. Im 17. Jahrhundert wurde sie umgebaut und erhielt ihre heutige Gestalt. Das Gemälde „Maria mit Kind" am Hauptaltar stammt aus dem 18. Jahrhundert. Die kleine Kirche ist verhältnismäßig prachtvoll ausgestattet, mit geschnitzten Intarsien an der Wandverkleidung und einem Holzrahmen des venezianischen Schnitzers Andrea Brustolon. An den Wänden hängen vier Gemälde, die den heiligen Augustinus darstellen und jüngeren Forschungen zufolge Giovanni Agnelli zugeschrieben werden, nachdem sie lange Zeit als Werk von Francesco Fontebasso galten.

TIPP

Piran-Motive in Öl, originelle Mitbringsel, Schmuck, u.a.m. Beim Bummel entlang der Ulica IX. korpusa und der Bolniška ulica findet man in den Künstler-Ateliers und Kunsthandwerk-Shops gewiss das Richtige, egal ob zum Weiterschenken oder für sich selbst.

Über die Istrska ulica gelangt man zur Bolniška ulica und zur von außen völlig unscheinbaren, in den Häuserblock integrierten Kirche **Maria Schnee/cerkev Marije Snežne.**

Die Baukosten der 1404 erstmals erwähnten Kirche trug eine reiche Bürgersfrau aus Piran. Das Kirchenschiff mit Spitzbogengewölbe ist durch einen spitzen Triumphbogen vom Presbyterium mit einem Altar aus dem 17. Jahrhundert getrennt. An beiden Seiten des Chorbogens haben Restauratoren 1969 Fresken der „Verkündigung" aus dem 15. Jahrhundert entdeckt. Oberhalb des Bogens sieht man eine Darstellung der Kreuzigung in Temperatechnik auf Holz (um 1460), eine in Slo-

Kirche Maria Trost

Kirche Maria Schnee

wenien seltene Maltechnik, die dem Piraner Meister Nicolo di Antonio zugeschrieben wird, der unter anderem in Padua wirkte.

An den Wänden des Kirchenschiffes hängen Bilder in prachtvoll geschnitzten Holzrahmen, gefertigt 1616 von B. Marangona aus Mantua. An den Seiten stehen Steinbänke. Das Hauptgemälde über dem Portal (also nur von drinnen sichtbar) zeigt das namengebende Bild „Maria im Schnee" aus dem 17. Jahrhundert, das das Wunder darstellt, als in Rom im August Schnee gefallen war.

Eingangsbereich der Franziskus-Kirche und des Minoritenklosters

Nach wenigen Schritten die Bolniška ulica hinab geht's zu den Stufen, die zum Vorplatz des **Minoritenklosters des heiligen Franziskus von Assisi/minoritski samostan sv. Frančiška Asiškega** führen. Mit dem Bau der **Kirche/cerkev sv. Frančiška** begannen die Minoritenbrüder im Jahr 1301, nachdem deren alte, der heiligen Katharina geweihten, Kirche zu klein geworden war, und bald darauf wurde auch das Kloster samt Kreuzgang zur heutigen Dimension ausgebaut.

Der Architekt der Kirche soll Jakob von Pula gewesen sein. Gemäß einer Inschrift an der Fassade der Kirche wurde selbige 1318 fertiggestellt. Spuren aus dieser Epoche wurden zum Teil freigelegt und sind an mehreren Stellen im Kloster sowie im Presbyterium der Kirche zu sehen. Von der ursprünglichen Architektur des Klosters sind zwei gotische Biforen (Doppelbogenfenster) erhalten, die vom Kreuzgang aus und in der Pinakothek zu sehen sind.

Die heutige barocke Gestalt erhielt die Kirche im 18. und 19. Jahrhundert. Hinter dem Hauptaltar aus dem Jahre 1787 hängt ein Bild des heiligen Franziskus aus dem frühen 17. Jahrhundert. Drei Seitenaltäre sind im linken (der erste davon mit Renaissance-Baldachin aus dem Beginn des 16. Jahrhunderts), zwei im rechten Seitenschiff angeordnet. Die Kanzel stammt aus dem frühen 16. Jahrhundert, die Orgel wurde 1794 von Antonius Callido gebaut und 1897 von Annabile Pugina aus Padua umgebaut. In der Kirche sowie in der Pinakothek im Kloster hängen wertvolle Bilder verschiedener venezianischer Meister.

In die Pinakothek kommt man über den Kreuzgang mit Renaissance-Arkaden und Rundbogengewölben. Darüber befindet sich der Wohnbereich. Der Innenhof gilt als eines der schöns-

Kreuzgang des Minoritenklosters

Glockenturm der Franziskus-Kirche

ten Beispiele der Atriumarchitektur im Alpen-Adria-Raum. Wie die Kirche erhielten Kloster und Kreuzgang ab der zweiten Hälfte des 17. Jahrhunderts bis 1735 nach und nach die heutige Gestalt. Der nach außen hin bedeutendste Umbau betrifft den Eingang zum Kreuzgang durch ein bogenförmiges Portal mit zwei reich geformten Steinsäulen, die den Architrav (tragender Querbalken aus Stein) mit Inschrift und Wappen tragen (1694). 1698 wurde das Kloster um ein Stockwerk erhöht.

Franziskus-Altäre in der Kirche des Minoritenklosters

Franziskus-Kirche mit Blick auf den Hauptaltar

Weihnachtskrippe in der Franziskus-Kirche

Eingangsportal zum Kreuzgang

Pinakothek im Minoritenkloster mit einem Beitrag zur Kreuzweg-Ausstellung in den Piraner Kirchen zur Osterzeit

Kreuzgang bzw. Innenhof des Minoritenklosters als Konzertraum; am Bild: Lotz-Trio aus Bratislava im Rahmen des Tartini-Festivals 2014

In der Kirche des heiligen Franziskus haben 32 Familien ihre letzte Ruhestätte in Familiengruften erhalten, darunter die Familie des Geigenvirtuosen Giuseppe Tartini, der selbst allerdings in Padua begraben ist. Die letzte Beisetzung in der Kirche fand 1882 statt.

INFO

Die Heilige Messe feiern die Minoritenbrüder täglich um 8 Uhr. Kreuzgang, Kirche, Pinakothek etc. sind täglich für Gläubige wie für Kunst-Interessierte geöffnet; der Eingang in die Kirche erfolgt ebenfalls über den Kreuzgang.

1954 wurden die Minoritenbrüder aus ihrem Kloster vertrieben, das Gebäude wurde verstaatlicht. Mit der Unabhängigkeit Sloweniens hat auch für die Ordensleute eine neue Ära begonnen. 1999 wurde dem Orden das Kloster zurückerstattet, und sukzessive begannen die Renovierungsarbeiten. Wie schon zur Zeit der Gründung und im Laufe der Jahrhunderte ist das Kloster heute wieder geistliches und kulturelles Zentrum von Ordensleuten, Einheimischen und Gästen. Das zeigt sich besonders im Sommer, wenn die Franziskus-Jünger den Kreuzgang für Ausstellungen und klassische Konzerte (bei Schlechtwetter in der Kirche) zur Verfügung stellen, etwa für die „Piraner Musikabende" sowie für Veranstaltungen im Rahmen des „Tartini Festivals".

Bolniška ulica hinab zum Tartini-Platz

Zurück an der Bolniška ulica, ein Stück unterhalb der Kirche Maria Schnee, „hängt" über einem Torbogen eine „kleine Schwester der Venezianerin". Das Haus Nummer 12 aus dem 15. Jahrhundert begeistert mit ähnlich üppig ausgestatteten

Venezianisch-gotisches Haus an der Bolniška

venezianisch-gotischen steinernen Fensterbögen und roter Farbe wie die „Benečanka“ am Tartini-Platz, den man am Ende der Bolniška ulica zwischen Petrus-Kirche und Barockhaus betritt.

Piran – Marčana und

Župančičeva ulica mit der Stadtbibliothek (rechts)

Cankar-Kai

Vom Tartini-Platz ein paar Schritte stadtauswärts biegt man an einem kleinem Park (Engelsov trg) vor dem Seefahrtsmuseum in die Župančičeva ulica, an der man auch bald die **Stadtbibliothek/Mestna knjižnica Piran** passiert. Die Tradition der Bücherei geht zurück ins 17. Jahrhundert, als die „Accademia degli Intricati" eine kleine Volksbibliothek gründete. Heute stehen mehr als 60.000 Bücher in Slowenisch, Italienisch, Englisch, Deutsch und Französisch zur Entlehnung (auch für Gäste) bereit sowie eine umfangreiche Sammlung heimatkundlicher Dokumente.

INFO

Stadtbibliothek, Öffnungszeiten:
Montag bis Freitag 10-18 Uhr, Samstag 8-13 Uhr

Wo die Gasse breiter wird, steht an der vorderen linken Seite des Häuserblocks der **Apollonio-Palast/Apolonijeva palača** (auch Zaccaria genannt). Der Palast wurde am damals unbebauten, zum Meer hin ausgerichteten Platz durch Zu-

Eingangsportal des Apollonio-Palasts

Galerie im Apollonio-Palast

Maja Popovič, Park Restaurant

sammenlegung zweier Häuser errichtet. Von der Errichtung zeugt die Steinplatte über dem Eingangsportal mit Wappen und Inschrift mit der Jahreszahl 1693. Bei Untersuchungen der Innenräume entdeckte man neoklassizistische Malereien aus dem ersten Drittel des 19. Jahrhunderts. Der Palast harrt derzeit einer neuerlichen gründlichen Renovierung. Einige Räume im Erdgeschoss sind seit 2013 restauriert und werden als Galerie genutzt.

Bei einem kleinen Park an der Grudnova ulica endet die Gasse, wir gehen nach links zur Tomšičeva ulica und folgen der Gasse, bis sie am Cankar-Kai (Cankarjevo nabrežje) endet.

TIPP

Park Restaurant: „Morski Poker" ist hier der Name für die Fischplatte, einigermaßen ungewöhnlich servieren Ksenja und (Tochter) Maja Popovič das Risotto auch mit Huhn und Gemüse. Als Tipp für Vegetarier: Gegrillter Käse in verschiedenen Varianten. Die Portionen sind groß, die Kids kann man im Park nebenan „parken".

Župančičeva ulica 21; geöffnet im Sommer 10-24 Uhr,
Winter 11-22 Uhr; November bis Februar geschlossen

Dieser, Marčana genannte, Stadtteil wird (nicht immer nur aus Zeitgründen) von Besuchern meist stiefmütterlich behandelt, wenn auch zu Unrecht: Denn das Flanieren durch diesen Abschnitt Pirans und neugierige Abstecher in die Quergassen belohnen auch hier den aufmerksamen Spaziergänger.

Župančičeva ulica mit Seitengasse

Tomšičeva ulica mit Seitengasse

Museum der Unterwasseraktivitäten

Historische Taucheranzüge im Museum der Unterwasseraktivitäten

Taucherhelm aus dem Jahre 1890

Am Kai retour in Richtung Ausgangspunkt kommt man bald zum **Museum der Unterwasseraktivitäten/Muzej podvodnih dejavnosti.** Meerestiefen und versunkene Schätze beflügeln seit jeher die Phantasie und den Unternehmensgeist der Menschen, und so verbirgt sich hinter dieser etwas umständlichen Bezeichnung ein Museum zur Geschichte des Tauchens seit der Zeit der österreichisch-ungarischen Monarchie bis in die Gegenwart. Zu sehen sind Taucherausstattung, Tauchhelme, Pumpen, diverse U-Boot-Modelle, Marine-Uniformen und persönliche Taucherutensilien. Erklärungen zu den Gefahren und Schwierigkeiten des Tauchens sowie eine Ausstellung über slowenische Taucher runden den Einblick in die Unterwasseraktivitäten ab.

INFO

Museum der Unterwasseraktivitäten, Öffnungszeiten: Freitag, Samstag, Sonntag und an Feiertagen, Juni bis September 10-18 Uhr; Oktober bis Mai 11-17 Uhr. Für Gruppen bei Voranmeldung auch außerhalb der üblichen Öffnungszeiten: +386/ (0)41 963 136, www.muzejpodvodnihdejavnosti.si.

Wieder „an Land" erreicht man ein Stück weiter eine auch nicht immer irdische Welt der Phantasie: die **Galerie/Galerija Meduza 2,** einen kleine Skulpturenpark und die **Galerie/ Galerija Hermann Pečarič.** Das Haus, das Meduza 2 beherbergt, plante der mehrfach preisgekrönte slowenische Architekt Vojteh Ravnikar (1943-2010). In der Verkaufsgalerie werden auch Einzelausstellungen (Kunsthandwerk, Schmuck etc.) gezeigt sowie Gemeinschaftsausstellungen mit der benachbarten Galerie Pečarič.

Im Park dazwischen sind Steinskulpturen zu sehen, die im Rahmen des internationalen Bildhauersymposiums Forma viva (in Seča) entstanden sind.

Das rote Art-Deco-Gebäude der Pečarič-Galerie wurde Anfang des 20. Jahrhunderts gebaut und ist ein Beispiel der in Slowenien eher rar vertretenen Fin-de-Siècle-Architektur. Seit der Renovierung 1997 fungiert das Gebäude als Galerie, davor war es unter anderem ein Schneideratelier. Hermann Pečarič (1908-1981) ist einer der bedeutendsten zeitgenössischen Maler Sloweniens und in erster Linie für seine istrischen Motive bekannt. In den 1950er-Jahren siedelte er sich in Piran an und hinterließ der Stadt später 141 Bilder. Im

Am Cankar-Kai: Galerie Meduza 2, Galerie Herman Pečarič, Palast Bartole-Ventrella und Palast Bartole-Fonda

Galerie Herman Pečarič

ersten Stock des Museums ist daher eine Dauer-Ausstellung seiner Werke eingerichtet, die einen repräsentativen Überblick über die Entwicklung seines Schaffens bietet. Im Erdgeschoss sind wechselnde Ausstellungen vorwiegend slowenischer zeitgenössischer Künstler zu sehen.

INFO

Galerie Herman Pečarič, Öffnungszeiten: Juni bis September 11-17 Uhr, Sonntag 11-13 Uhr; Juli bis August 17-22 Uhr, Sonntag 20-22 Uhr; Montag geschlossen, www.obalne-galerije.si.

TIPP

Pizzeria Petica: Pasta und Pizze (in drei Größen) sind die Spezialitäten des Lokals, aber nicht die einzigen Gerichte; die gemütliche Atmosphäre drinnen und ein netter kleiner Gastgarten zwischen Uferstraße und Marčana-Innenstadtgasse locken hier auffällig viele jüngere Gäste und Einheimische an.

Župančičeva ulica 6, ganzjährig geöffnet, Sommer 11-24 Uhr, Winter 11-22 Uhr (Jänner bis März Dienstag geschlossen).

Jure Kristan, Kellner in der Pizzeria Petica

Anschließend an die beiden Galerien passieren wir den **Palast/Palača Bartole-Ventrella** und den **Palast/Palača Bartole-Fonda**, beide aus der zweiten Hälfte des 19. Jahrhunderts. Unmittelbar danach schmiegt sich der **Palast/Palača Gabrielli de Castro** mit seiner gerundeten „Eckfront" an die Biegung des Kais. Das klassizistische Gebäude mit dreieckigem Grundriss und unbeendetem Nordflügel wurde Mitte des 19. Jahrhunderts erbaut. Außer der klassizistischen Fassade fasziniert die elegante Innenarchitektur des Palastes mit steinernem Treppenhaus und mächtigen Säulen, Decken- und Wandbemalungen und Stuckaturen. Besonders reizvoll ist das „Piano nobile" im ersten Stock, das einen Eindruck gibt, wie reiche und noble Bürger des 19. Jahrhunderts lebten.

1954 wurde im Palazzo Gabrielli das Stadtmuseum eingerichtet, das sich seit der Gründung mit der Geschichte des Seewesens der Küstenregion befasst. 1967 wurde es in **Seefahrtsmusem/Pomorski muzej Sergej Mašera** umbenannt. Namensgeber und Kriegsheld Mašera (1912-1941) war Artillerie-Offizier und Marine-Leutnant der jugoslawisch-königlichen Flotte und fiel im April 1941 als Befehlshaber des Zerstörers „Zagreb".

Die Paläste Gabrielli de Castro (Seefahrtsmuseum), Bartole-Fonda und Bartole-Ventrella (von links)

Treppenhaus des Seefahrtsmuseums Sergej Mašera

INFO

Öffnungszeiten: September bis Juni 9-17 Uhr, Juli bis August 9-12, 17-21 Uhr; Montag geschlossen; Führungen bei Voranmeldung: +386/ (0)5 671 00 40
booking.pommuz@pommuz-pi.si, www.pomorskimuzej.si

Die archäologische Sammlung des Museums bewahrt Funde aus der Geschichte des Küsten- und Karstgebietes bis zurück in 7. bis 5. Jahrhundert vor Christus. Unter gläsernen Bodenziegeln sind antike und spätantike Funde ausgestellt, die bei archäologischen Untersuchungen des Meeresbodens gefunden wurden oder sich zufällig in Fischernetzen verfingen.

Kernstück der kulturgeschichtlichen Abteilung ist die Sammlung von Schiffsmodellen aus dem 18. Jahrhundert des österreichischen Jesuiten-Paters Gabriel Gruber. Aus der historischen sowie kulturgeschichtlichen Sammlung sind weitere Schiffsmodelle zu sehen, Votivtafeln, Gallionsfiguren, historische Instrumente und Ausrüstung, Kartografien, Fotografien, Gemälde u.v.a.m.

Rotunde am Palast Gabrielli

Archäologische Sammlung des Seefahrtsmuseums

Aus der Sammlung von Gallionsfiguren im Seefahrtsmuseum

Die historische und ethnische Sammlung präsentiert die Geschichte der Seefahrt, Fischerei und Fischverarbeitung sowie des Schiffsbaus. Gezeigt wird auch die Geschichte der Marine vom Mittelalter bis zum Zweiten Weltkrieg. Sonderausstellungen ergänzen den Museumsbetrieb.

INFO

Seefahrtsmuseum Sergej Mašera: Neben der Sammlung im Palast Gabrielli betreut das Team des Seefahrtsmuseums folgende Abteilungen:
Giuseppe-Tartini-Gedächtnisraum: Memorabilia im Tartini-Haus in Piran; **Salzgarten-Museum im Naturpark Sečovlje (Fontanigge):** ethnologische Sammlung zur Geschichte der Salzgewinnung in Istrien, speziell der Piraner Salinen; **Tonas Haus in Sv. Peter:** ethnologische Ausstellung zum bäuerlichen Leben in Istrien; **Ausstellung im Salzspeicher Monfort in Portorož:** traditioneller Schiffsbau und Entwicklung des Wassersports; **Bibliothek:** Das Team des Seefahrtsmuseums ist verantwortlich für die Erhaltung der Bibliothek mit rund 14.000 Bänden, bestehend aus wissenschaftlichen Publikationen sowie den Beständen des Stadtarchivs und der früheren Volks-Bibliothek (Biblioteca Civica di Pirano). Zur Sammlung zählt Buchdruckkunst aus dem 16. Jahrhundert, darunter Bibelausgaben sowie Werke von Aristoteles, Julius Caesar, Cicero, Dante Alighieri und vielen mehr; das älteste Buch stammt aus dem Jahr 1502. Zu den wertvollsten Sammlungsstücken zählen eine vollständige Ausgabe der „Encyclopaedia" von Diderot aus dem 18. Jahrhundert sowie der einzige vollständig erhaltene „Atlas" aus dem Jahre 1526 des Kartografen Pietro Coppo aus Izola.

Freigelegter Teil der zweiten Stadtmauer am Cankar-Kai und Eingang zum Muschel- und Schneckenmuseum; darüber: die Altana-Terrasse des Hotels Tartini

Blick vom Cankar-Kai auf Hafen und Punta

Blick vom Cankar-Kai auf Hafen und Leuchttürme

Bevor man zurückkehrt an den Ausgangspunkt, erinnert ein freigelegtes Mauerstück des Hauses Cankarjevo nabrežje 1 an die einst notwendigen Verteidigungsstrategien der Piraner im Mittelalter. Das freigelegte Stück ist ein Teil der zweiten Stadtmauer aus dem 13./14. Jahrhundert.

Blick vom Cankar-Kai (auf Höhe der Einmündung der Tomšičeva ulica) aufs Zentrum von Piran

Eine völlig andere Welt hingegen betritt man ebenfalls hier im Eckhaus zum Tartini-Platz (in der dem Hafen zugewandten Eingangspassage zum Hotel Tartini): Der Biologe Jan Simič hat 2011 im **Muschel- und Schneckenmuseum/Muzej školjk in polžev Piran** seine Sammlung mit der Ausstellung „Magische Welt der Muscheln" öffentlich zugänglich gemacht und die erläuternden Texte verfasst (zum Großteil auch in deutscher Sprache). Die Sammlung von Muscheln und Schnecken aus allen Meeren und Kontinenten ist 3.000 Exponate stark, von der größten Schnecke der Welt bis zum Schneckenhäuschen, von der gemeinen Mies- bis zur Perlmuschel, vom Krebs bis zum stolzen Seepferdchen. Einen besonderen Platz nehmen die Schalentiere des slowenischen Meeres ein. Beeindruckend ist die Vielfalt, Farben- und Musterpracht der Schalentiere. Kindern erklärt die neugierige Schnecke „Slinko" die wundersame Welt der Meeresbewohner.

INFO

Muschel- und Schneckenmuseum, Öffnungszeiten: März bis Mai, Oktober bis November, 11-18 Uhr, Montag geschlossen; Juni bis September, 10-20 Uhr, täglich; Dezember bis Februar, Samstag, Sonntag und an Feiertagen, 11-18 Uhr; Sondertermine sowie Führungen bei Voranmeldung: + 386/ (0)40 700 053; www.svet-skoljk.si.

TIPP für eine Verlängerung des Rundgangs

Der Rundgang kann auch genutzt werden, um von der Einmündung der Tomšičeva ulica in den Cankarjevo nabrežje den Spaziergang in Richtung Portorož dem Meer entlang zu verlängern. Am Kai erreicht man nach etwa 200 Metern einen vor allem von Einheimischen gerne genutzten Stadtstrand sowie nach weiteren 100 Metern den Einheimischen-Parkplatz Fornače.

Uroš Vavk, Tages-Chefkellner im Café Teater

Blick vom Boot auf die Meeresbiologische Station Piran und das Grand Hotel San Bernardin (rechts im Bild)

TIPP von

Uroš Vavk, Tages-Chefkellner und flottester seiner Zunft im Café Teater, „schupft" seit 16 Jahren quasi im Alleingang das Tagesgeschäft des Cafés am Hafen in Piran: „Was mir nie langweilig wird, ist ein Spaziergang am Meer mit meiner sechsjährigen Tochter, bis zum Strand von San Bernardin oder weiter bis Portorož. Wenn ich gut essen gehen will, gehe ich ins Restaurant Neptun oder ins Casa Nostromo."

Casa Nostromo, Restaurant & Lounge Bar, noch sehr junges (seit Juni 2013), experimentierfreudiges und häufig empfohlenes Lokal, Tomšičeva ulica 24, geöffnet ganzjährig, Montag bis Freitag, 17-1 Uhr, Samstag und Sonntag 12-1 Uhr, www.piranisin.com.

Restaurant Neptun, eines der häufigst empfohlenen Fischlokale für Piran, klein aber fein, Župančičeva ulica 7; geöffnet ganzjährig täglich 12-16 und 18-23 Uhr.

Meeresbiologische Station Piran

Am Ende der Parkfläche befindet sich der Standort der **Meeresbiologischen Station Piran/Morska biološka postaja.** Die Forschungsanstalt wurde 1961 als Zweigstelle des Instituts für Biologie der Universität Laibach gegründet. Neben Grundlagenforschung wird vor allem der Einfluss der Umwelt auf das maritime Leben untersucht; die Erkenntnisse fließen ein in die Bemühungen um den Naturschutz. 1995 wurde ein Messzentrum errichtet und die küstenozeanografische Station auf der Piraner Punta gegründet.

Die Meeresbiologische Station ist mit europäischen Einrichtungen für Meeresforschung vernetzt und Sloweniens Vertreter in UN-Programmen sowie in der internationalen Ozeanografiekommission. Für Reisegruppen kann eine von Fachleuten geführte Besichtigung vereinbart werden. Außerdem stehen 25 Betten und ein Seminarraum zur Verfügung. Kontakt: +386 (0)5 9232 929, info@mbss.org, www.mbss.org.

Der Kai führt am Institut und am Bernardin-Hotelkomplex vorbei, wenn man will bis Portorož.

Cankar-Kai mit Gostilna/Osteria Pri Mari

TIPP

Gostilna-Osteria Pri Mari: Kreative Meeresküche serviert das italienisch-slowenische Wirtepaar Tomaž und Mara Mencinger. Die Kunst der Köchin basiert auf traditionellen Rezepten der slowenischen Küste und aus Venedig in immer neuen Interpretationen, auf der Verwendung regionaler Produkte und einer guten Zusammenarbeit mit den heimischen Fischern. Die vom Wirt empfohlenen Weine kommen aus den besten Kellern der Umgebung. Da das Lokal in so gut wie allen Lokal- und Gourmetführern gelistet und auch von Einheimischen empfohlen wird, ist es ratsam zu reservieren.

Öffnungszeiten: Dienstag bis Samstag 12-22 Uhr, Sonntag 12-18 Uhr, Montag geschlossen, Jänner geschlossen. Adresse: Dantejeva ulica 17, Kontakt: +386/ (0)41 616 488 (mobil), +386/ (0)5 673 4735, www.primari-piran.com.

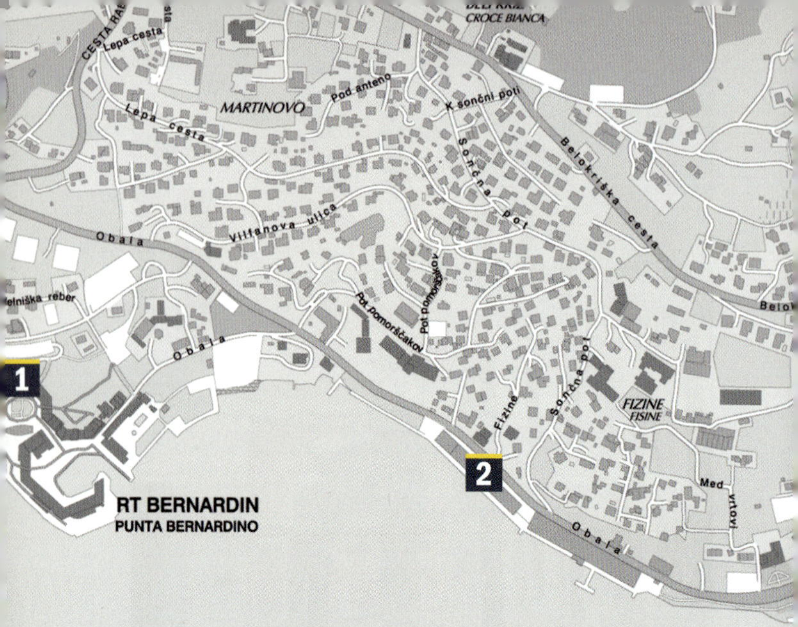

1 San Bernardin

2 Salzspeicher Monfort und Grando

3 Kirche Unserer Lieben Frau vom Rosenkranz

4 Der steinerne Kompass von Janez Lenassi

5 Palace Hotel

6 Kirche der heiligen Luzia

7 Marina Portorož

8 Forma viva Portorož

Portorož | Portorose

ŠENTJANE
SENTIANE
Šentjane
Koprska cesta
Zatišje
3
Koprska cesta
Letoviška pot
Cvetna pot
Stopniška pot
K Stari cesti
5
Obala
4
Senčna pot
Senčna pot
Postajališka pot
Vesna
Senčna pot
Bazoviška ulica
Garibaldijeva ulica
Vojkova ulica
Ulica Istrskega odreda
RT SV. LOVRENC
PUNTA S. LORENZO
Obala
Semova ulica
Podvozna cesta
Ukmarjeva ulica
6
7
MARINA
PORTOROŽ
Cesta solinarjev
FORMA VIVA
KULTURNA DEDIŠČINA
8
Seča
© GEODETSKI INŠTITUT SLOVENIJE
SEČA
SEZZA

Portorož – Kulturspaziergänge

Portorož strahlt das Flair eines schicken Adria-Bade- und Kurorts mit Beach-Feeling und Strand-Cafés aus. Die Voraussetzungen dafür sind das milde Klima, saubere Luft, sauberes Meer, die vielen Sonnentage und das viele Grün von der Bucht bis in den Karst, das dem gesamten slowenischen Küstengebiet ein einzigartiges Aussehen leiht; mehr noch: eine Vegetation erlaubt, die auch im Hochsommer Sträucher, Bäume und Blumen blühen lässt und eine agrarische Vielfalt ermöglicht, die sich im kulinarischen Angebot spiegelt.

Dazu kommt noch, nicht unwichtig für den Ort als Winterdestination, ein vielfältiges Wellnessangebot, das im „Rosenhafen" schon seit dem 19. Jahrhundert Tradition hat. Die Ursprünge des Kurtourismus gehen sogar bis ins 13. Jahrhundert zurück, als Benediktinermönche um die therapeutische Wirkung von Meerwasser, Sole und Salzschlamm wussten und ihr Wissen in den klösterlichen Hospizen anwandten.

IM ROSENHAFEN

Kur- und Badeort Portorož vom Strand aus

Das heutige Gesicht von Portorož stammt vom Architekten Edo Mihevc, der im Auftrag der jugoslawischen Regierung das urbanistische Konzept entwarf, das in den 1960er- und 1970er-Jahren umgesetzt wurde. Der Umsetzung des

Blick auf Portorož vom Boot aus

Konzepts fielen leider einige historische Hotelbauten zum Opfer, die großen Hotelkomplexe tragen daher den Look der Siebzigerjahre, was sie aus heutiger Sicht erst recht zu Zeugnissen vergangener Zeiten macht. Und keine Angst: Das „Innenleben" und die Atmosphäre der Hotels wird ständig den Anforderungen des Jetzt und den Bedürfnissen der Gäste angepasst. Noch unerwähnt blieben die vielfältigen Unterhaltungsangebote und die sportlichen Aktivitäten zu Land und zu Wasser.

Zum Look des heutigen Portorož gehören einerseits die dennoch Dutzende (privaten) Villen aus der Zeit der Donaumonarchie, die sich vor allem hinter den modernen Hotelanlagen an der Uferstrasse den Hügel hinauf schmiegen und an die Zeit der kaiserlich-königlichen Sommerfrische erinnern. Aber einer modernen und offenen Stadt steht auch zeitgenössische Kunst gut zu Gesicht. Oberhalb der Marina Portorož, in einer Parkanlage auf der Halbinsel Seča, haben die **Küstengalerien Piran/Obalne galerije** den Steinskulpturenpark **Forma viva Portorož** errichtet. Und damit beginnt der Kulturspaziergang durch Portorož, der hier aufgrund der drei Quadratkilometer Weitläufigkeit kein Rundgang mit Start- und Zielpunkt ist, sondern Empfehlungen enthält für Spaziergänge rund um die hier ausgewählten Besonderheiten.

Das Parkprojekt bzw. die Skulpturensammlung Forma viva Portorož entwickelte sich aus einer Reihe von internationalen Bildhauersymposien, die auf Initiative der slowenischen Künstler Janez Lenassi (1927-2008) und Jakob Savinšek (1922-1961) seit 1961 alle zwei Jahre in Seča stattfindet.

Skulpturenpark Forma viva in Portorož

Der steinerne Kompass von Bildhauer Janez Lenassi

TIPP

Der steinerne Kompass: An einem der Plätze im Zentrum, nahe dem Palace Hotel, steht eine Skulptur des Forma-viva-Mitbegründers und Bildhauers Janez Lenassi. Der steinerne Kompass wurde zu Ehren der Partisanenbrigade aus Übersee errichtet.

Lenassi und Savinšek nahmen 1959 am ersten Bildhauersymposium im Römersteinbruch in St. Margarethen (Burgenland, Österreich) teil und knüpften dort die Kontakte, um hier eines der angesehensten und dauerhaftesten Bildhauertreffen weltweit auf die Beine zu stellen.

Das Werkmaterial in Seča ist istrischer Karstmarmor, ein lokaler, harter und beständiger Kalkstein, der beispiels-

Forma viva: Kunst inmitten eines Olivengartens

weise für die historischen Fundamente Venedigs verwendet wurde und der die slowenischen Küstenstädte prägt. Zweiter Hauptaustragungsort des Symposiums Forma viva ist Kostanjevica na Krki in der Region Dolenjska/Unterkrain, wo mit Holz gearbeitet wird, sowie vereinzelt Ravne na Koroškem (Stahl, Region Koroška/Unter- bzw. Slowenisch-Kärnten) und in Maribor (Stahlbeton, Štajerska/Unter- bzw. Slowenisch-Steiermark).

An den Forma-viva-Symposien nehmen Künstler aus aller Welt teil. Dem Ehrgeiz des Küstengalerieverbandes ist es zu verdanken, dass die Künstler nicht nur organisatorisch die Bildhauertreffen mitgestalteten, sondern auch eine Sammlung anlegten. Die Sammlung umfasst mittlerweile mehr als 140 Skulpturen von Bildhauern aus über 30 Ländern, wovon der Großteil im Park steht sowie vereinzelt in Portorož, Piran, Izola und Koper.

INFO

Die Küstengalerien Piran/Obalne galerije wurden 1976 als Verband von Galerien in der Primorska-Region gegründet. Der Verband betreut das Künstlersymposium, den Forma-viva-Park und organisiert in Portorož regelmäßig Ausstellungen im ehemaligen Salzspeicher Monfort. www.obalne-galerije.si.

TIPP von

Rok Jelaš, Fritolin-Cook am 1.-Mai-Platz in Piran, stammt aus Celje, lebt seit 6 Jahren in Piran, studiert Tourismus in Portorož: „Die Natur kann so schön sein, wenn man sich die Zeit nimmt und sie finden will. Ich spaziere am liebsten durch den Forma-viva-Park, weil sich hier Natur und Kunst verbünden."

Rok Jelaš spaziert am liebsten durch den Forma-viva-Park.

Forma viva mit Blick auf die Marina Portorož

Der Eintritt in die Freiluftgalerie ist frei und bietet neben dem Ausblick auf die Bucht und die Marina von Portorož auch einen Einblick in die Fauna des Küstengebiets, denn die steinernen Geschöpfe umgibt ein Olivenhain, der Bäume aller sieben autochthonen Sorten zeigt: Buga, Črnica, Mata, Komuna, Smartel, Štorta und Žižola.

Marina Portorož

In diesem Teil des Landschaftsparks Salinen von Sečovlje bietet es sich an, den Spaziergang zwischen Kunst und Olivenbäumen auszudehnen, noch mehr zu entdecken, was die üppige Natur auf der Halbinsel Seča zu bieten hat. Weitere herrliche Ausblicke auf das Panorama von Portorož und Lucija auf der nördlichen Halbinselseite, und auf der südlichen Seite auf die Salinen von Sečovlje, lassen sich so genießen.

Schiffe und Boote, insbesondere von Segeln bewegte, gehören zum Meer wie die Möwen und machen den Blick aufs Wasser zu einem immerwährenden Schauspiel bewegter Bilder. Ein Spaziergang durch die **Marina Portorož** bietet daher auch Nicht-Bootseigentümern die Gelegenheit, einmal einen genaueren Blick auf die Vielfalt an Booten und Jachten zu werfen, als man ihn vom Strandcafé aus hat.

Der Grundstein für die Marina Portorož wurde 1964 mit dem Bau eines Bootshauses auf den Grundflächen der ehemaligen Salinen von Lucija gelegt. Ab den frühen 1970er-Jahren wurden die organisatorischen und investigativen Voraussetzungen verhandelt und geschaffen; federführend dabei war unter anderen Anton Spinelli, Vater des Spielkasinos Casino Portorož, Bankier und Förderer des Fremdenverkehrs. Zwischen 1977 und der offiziellen Eröffnung 1986 folgten die baulichen Maßnahmen bis hin zur heutigen Größe. Heute ist die Marina Portorož mit ihren 1.000 Liegeplätzen im Wasser, an Land und in Hallen eine der größten und bestausgestatteten im gesamten Mittelmeerraum. Als Liegeplatz geschätzt wird sie von den Bootseigentümern und Segelsportlern wegen ihrer windgeschützten und für Mitteleuropa verkehrsgünstigen Lage.

Zwei Seebecken bieten 650 Liegeplätze für Boote von sechs bis 30 Metern Länge und einem Tiefgang bis maximal 3,80

Kirche der heiligen Luzia in Portorož/Lucija

Kirche des heiligen Bartholomäus in Portorož/Sečovlje

Metern; 300 Boote haben an Land Platz und zwei Hangars bieten Winterquartier. Zum Hafenangebot gehören: Werkstätten für Reparaturen, Service und Wartung, Tankstellen, Nautik- und Sportshops, Lebensmittelladen, Charteragenturen, Bootsverkauf; Swimmingpool, Sportanlagen für Tennis, Tischtennis, Minigolf, Basketball, Volleyball und Kleinfußball sowie Apartments, Konferenz- und Seminarräume, zwei Restaurants, Austragung von Regatten und anderen Sportveranstaltungen. Seit 1996 findet am Gelände der Marina die internationale Nautik-Messe „Internautica“ statt.

Unweit der Marina Portorož befindet sich die älteste (erhaltene) Kirche des Kurorts: **Die Kirche der heiligen Luzia/cerkev sv. Lucije** wurde im 16. Jahrhundert für die Salzwerker in den Salinen von Lucija erbaut und war eine von sieben Kirchen im Tal des Flüsschens Fazan.

Ebenfalls für die Salzwerker, für jene in Sečovlje, diente die **St.-Bartholomäus-Kirche/cerkev sv. Jerneja** als Gotteshaus. Die Kirche stand bis 1817, als die Salinen von Sečovlje bis zur

Pfarrkirche Unserer Lieben Frau vom Rosenkranz

Innenraum der Pfarrkirche von Portorož

Halbinsel Seča ausgeweitet wurden, am Meer. Hier feierten die Salinenarbeiter einst den Abschluss der Saison am Namenstag des Heiligen (24. August).

Zum Flair von Portorož passt eine moderne Pfarrkirche: Die Kirche **Unserer Lieben Frau vom Rosenkranz/cerkev Matere Božje Rožnovenske** wurde im Jahr 1984 geweiht. Über dem vieleckigen Kirchenschiff erhebt sich ein wie vom Wind geblähtes Segel, das an einem Masten-Kreuz endet. Der Altarraum ist offen, die Altarskulptur aus gebranntem Ton stammt vom Künstler Tone Demšar, die Glasmosaike sind von Mira Ličen-Krompotič, die Kreuzweg-Bilder von Marta Kunavar. Hinter der Kirche steht eine kleine, der heiligen Maria von Lourdes geweihte Kapelle mit Versatzstücken des barocken Altars der aufgelösten Kirche St. Donatus in Piran.

Das Palace Hotel heute mit modernem Anbau

Palace Hotel: Das Hotel nach Plänen des Wiener Architekten Johann Eustacchio wurde im August 1910 eröffnet. Historismus war der architektonische Zeitgeist, und so erhielt das Hotel verschiedene Stilelemente der Neorenaissance und der Wiener Sezession. Es war von Anfang an in seiner Ausstattung auf die Bedürfnisse der besseren Gesellschaft der Donaumonarchie ausgerichtet. Daher gehörten zu den Gästen so klingende Namen wie Erzherzog Franz Ferdinand von Österreich-Este, Josip Broz Tito, Sophia Loren, Yul Brynner, Pierre Brice, Adriano Celentano, Marcello Mastroianni ...

Das 2008 sanierte Grandhotel verfügt über 181 Zimmer und 16 Suiten (darunter eine rund 230 Quadratmeter große Präsidentensuite), Restaurants und Säle sowie in einem Neubau einen rund 2.500 Quadratmeter großen Wellnessbereich.

TIPP

Cacao: Café, Bar, sehr stylish sowohl im Strandbereich als auch drinnen, mit dem wahrscheinlich besten Eis an der ganzen Küste und feinen Mehlspeisen. Als Bar gut sortierte Wein-, Spirituosen- und Cocktailkarte, aber auch mit frischen Säften und alkoholfreien Cocktails. Fantasievoll sind auch die Snacks, und verwendet werden vorwiegend regionale Produkte.

Obala 14, ganzjährig geöffnet: Sonntag bis Donnerstag 8-1 Uhr, Freitag, Samstag 8-3 Uhr; www.cacao.si.

Bevor es hinauf auf den Hügel zur Piraner Halbinsel geht, stehen am Ufer zwei riesige Hallen, die unter Napoleons kurzer Herrschaft geplant und unter der österreichisch-ungarischen Monarchie gebaut wurden: die Salzspeicher **Grando und Monfort.** Die architektonischen Denkmale wurden zwischen 1824 und 1838 errichtet, da die Donaumonarchen den Salzabbau wieder forcierten.

Salzspeicher Monfort

Der Salzspeicher Monfort wird (unter anderem) vom Verband der Küstengalerien als Ausstellungraum genutzt

Das Magazin Grando misst 186 Meter in der Länge und 29 in der Breite; die Steinwände sind bis zu 2,5 Meter dick, nach oben hin geneigt und 11 Meter hoch. Monfort ist 156 Meter lang und 19 Meter breit. Die Neigung und die Dicke der Mauern war notwendig, um der Schwerkraft des darin gelagerten Salzes Stand zu halten. Der ebenfalls mächtige hölzerne Dachstuhl der Gebäude wiederum ist durch das Salz imprägniert und daher auch nach 200 Jahren nach Expertenmeinung für weitere hunderte Jahre gerüstet. Aktuell genutzt werden die beiden Hallen als Galerie-Expositur der Küstengalerien sowie vom Seefahrtsmuseum Sergej Mašeri für ihre Sammlung von Exponaten aus dem traditionellen Schiffsbau und Wassersport. Gelegentlich genutzt werden die Hallen weiters für Festivals, Firmen- und private Feiern, Kongresse und dergleichen mehr.

Überreste der Kirche St. Bernardin im Hotelkomplex San Bernardin

Modern und dennoch geschichtsträchtig ist der Hotelkomplex **San Bernardin.** Die Hotelanlage steht auf historischem Boden, befand sich doch hier einst ein Minoritenkloster.

Den Grundstein für Kirche und Kloster legte der Wanderprediger, Inquisitor und Heerführer Giovanni da Capistrano, als er am Weg zu seinem Feldzug gegen die Türken 1451 in Istrien Halt machte. Schon ein Jahr später wurde die Kirche dem heiligen Bernardino von Siena geweiht. Daneben errichteten die Minoritenbrüder eine 1490 geweihte Marienkirche. Berichten aus dem Jahr 1700 in Bischof Paolo Naldinis „Corografia" zufolge sei es eine große Kirche mit mehreren Marmoraltären und vielen hochwertigen künstlerischen Arbeiten gewesen. An der Hügelspitze innerhalb des Hotelkomplexes ist noch der Glockenturm mit Apsis zu sehen und eine Ahnung des Kirchenschiff-Grundrisses. Mehr als eine Ahnung der Geschichte bieten die mächtigen Stützbögen, die den Hügel vor einer Unterhöhlung durch die Meereswellen schützen.

1806 ist das Kloster, wie viele andere in Istrien, von den französischen Besatzern aufgelöst und weltlichen Zwecken zugewiesen worden. Von der Armee der Donaumonarchie wurde die Anlage als Festung zur Verteidigung der Bucht genutzt und später von Zoll- und Steuerbehörde. Ab Mitte des 19. Jahrhunderts wurden unterhalb der Klosteranlage Schiffe gebaut, die recht wechselvolle Geschichte der Piraner Werft dauerte bis 1974.

Ab 1923 war in diesem Bereich zwischen Piran und Portorož auch eine Schule für Wasserflugzeugpiloten angesiedelt, samt Lehr-, Wohnraum, Werkstatt und Hangar. Im Zweiten Weltkrieg wurde daraus ein militärisches Wasserflugzentrum, das die deutsche Armee 1945 zerstörte. Der Bau des Bernardin-Komplexes wurde 1974 begonnen.

1 Kirche des heiligen Bartholomäus

2 Shop Lera

3 Besucher- und Informationszentrum

4 Salinenhäuser, Salzgartenmuseum

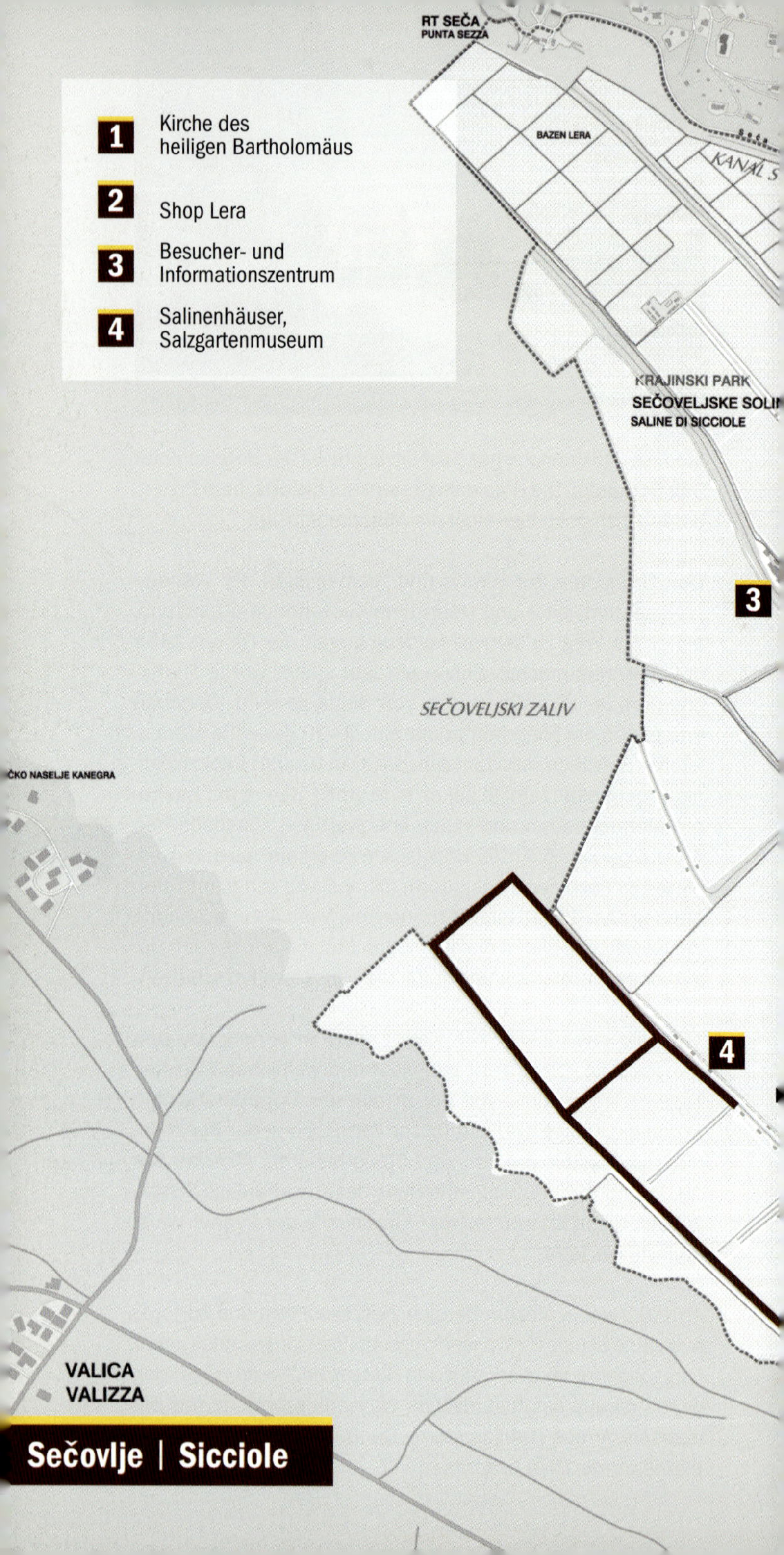

Sečovlje | Sicciole

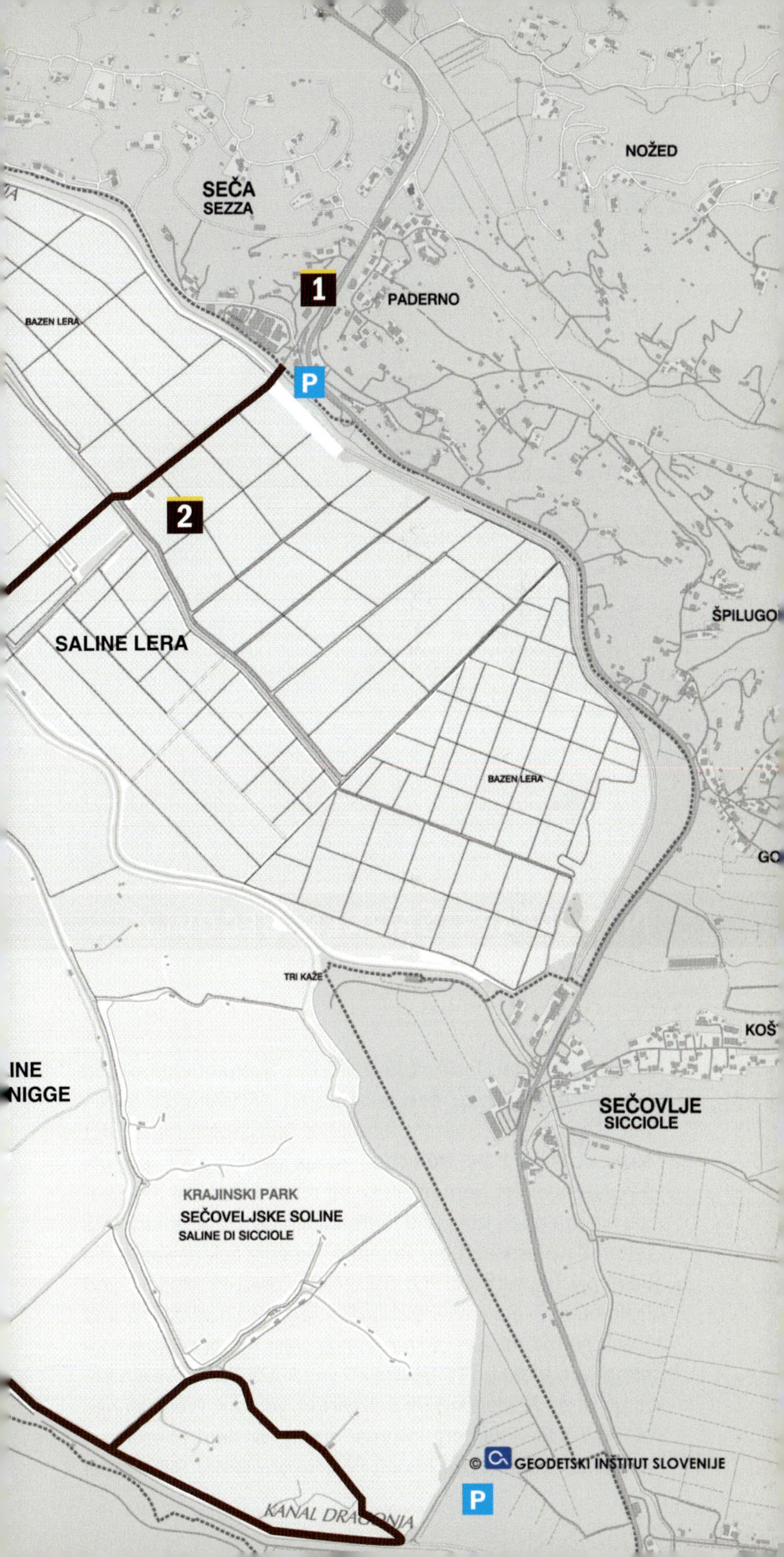

NOŽED
SEČA
SEZZA
1
PADERNO
BAZEN LERA
2
ŠPILUGO
SALINE LERA
BAZEN LERA
GO
TRI KAŽE
KOŠ
INE
NIGGE
SEČOVLJE
SICCIOLE
KRAJINSKI PARK
SEČOVELJSKE SOLINE
SALINE DI SICCIOLE
© GEODETSKI INŠTITUT SLOVENIJE
KANAL DRAGONJA

Naturpark Salinen Sečovlje

Lange vor dem Tourismus gehörten Salzproduktion und Handel mit Salz zu den wichtigsten Wirtschaftszweigen der Menschen in und um Piran. Die Salzgewinnung an der slowenischen bzw. istrischen Küste geht zurück bis ins 12. Jahrhundert, vermutlich sogar noch weiter. Als die Salzgärten in Koper, Izola und Piran Ende des 13. Jahrhunderts unter die Herrschaft der Republik Venedig fielen, waren die Felder – im Verbund mit Salzgärten etwa in Muggia und Dalmatien – ein wesentlicher Beitrag zur Entwicklung und Machtentfaltung der „Serenissima". Alle mit der Salzgewinnung verbundenen Tätigkeiten – von Ausbreitung, Vergrößerung bis zur Stilllegung der Salzgärten, Verkauf, Preis, Menge bis hin zur Besteuerung – wurden streng von den Venezianern kontrolliert. Die Arbeit in den Salinen sowie der Salzhandel

Saline Lera im Naturpark Sečovlje

Arbeiten am Leitungssystem der Saline Lera

blieben dennoch weiterhin eine wichtige Einkommensquelle der Bevölkerung in und um Piran.

INFO

Der Naturpark Salinen Sečovlje/Krajinski park Sečoveljske soline besteht aus zwei übers Festland nicht miteinander verbundenen Salinen mit jeweils eigenem Eingang.

Die Saline Lera erreicht man (mit dem Auto) über den Ortsteil Seča (Portorož-Lucija – in Richtung kroatische Grenze bis zur Abfahrt Salinen Sečovlje nach dem Ortsende von Seča).

Zur Saline Fontanigge geht's vorbei an der Salinen-Abfahrt weiter Richtung kroatische Grenze, vorbei am Flughafen zum Grenzübergang Sečovlje. Der Eingang befindet sich unmittelbar nach dem slowenischen Grenzkontrollpunkt Dragonja.

Der Park ist in den Sommermonaten auch mit einem Boot erreichbar, das von Piran aus fährt.

Die Eintrittskarte gilt für beide Teile, sofern man sie an einem Tag besucht. An beiden Zugängen stehen (kostenfreie) Parkplätze zur Verfügung.

Der Naturpark ist ganzjährig geöffnet, Sommer 8-21, Winter 8-17 Uhr; www.kpss.si.

Saline Fontanigge im Naturpark Sečovlje

Salzfelder der (aktiven) Saline Lera

Piran wird „eine Stadt, die auf Salz gewachsen ist“ genannt. Die Salzgärten in Strunjan, Lucija und Sečovlje blieben am längsten in Betrieb, jene in Izola und Koper begannen im 19. Jahrhundert zu verfallen.

Die nichtindustrielle Salzgewinnung auf den istrischen Salzbeeten wurde (und wird) ermöglicht durch das Wechselspiel von Ebbe und Flut und die für die Kristallisation günstigen

Darko Marsič, istrischer Küchenmeister

Wetterverhältnisse. Durch ein ausgeklügeltes Kanalsystem durchläuft das Meerwasser die einzelnen Stufen der Verdunstung. Die (tägliche) Salzernte in den Sommermonaten findet in Kristallisationsbecken statt, in denen die „Petola" gezüchtet wurde, die das Vermischen von Salz mit Schlamm verhindert und die Gewinnung von hochwertigem, reinem und weißem Salz garantiert. Die Petola-Schicht ist ein aus Mineralien und Mikroorganismen bestehender Biosediment-Boden, der noch heute das Um und Auf bei der Gewinnung des „weißen Goldes" ist.

Unter der österreichischen k.u.k-Herrschaft erlebte die Salzproduktion im 19. Jahrhundert seine Hochblüte. Die Salinen in Sečovlje erstreckten sich damals auf mehr als 500 Hektar und ernährten rund 500 Familien, die von April bis August in den Salinenhäuschen wohnten. Anfang des 20. Jahrhunderts wurden die Gärten von Strunjan und der nördliche Teil von Sečovlje (Leta) modernisiert, wobei die seit dem 13. Jahrhundert überlieferte Endphase der Salzgewinnung

TIPP von

Darko Marsič, Koch und Genießer, geboren in Sečovlje, wo er heute noch lebt (im „Casa del Sal"), hat im Hotel Palace Kellner und Kochen gelernt; gilt als besonderer Kenner und Könner der istrischen Küche:

„Was man hier an der Küste keinesfalls versäumen soll, ist ein Besuch der Salinen in Sečovlje, die ein echtes Unikum weltweit sind. Empfehlen kann ich auch die Therme in den Salinen, ebenfalls einzigartig."

Blick aufs Besucher- und Informationszentrum der Saline Lera

beibehalten wurde: Salzernte von Hand auf der „Petola". Die Salzgärten von Piran, Fontanigge und Fazan (Lucija) blieben bis 1967 in Betrieb.

Seit 1990 sind Sečovlje und Strunjan staatlich geschützte Naturparks, seit 2001 die Salzfelder Sečovlje Kulturdenkmal. Die Salinen von Sečovlje sind die nördlichsten noch aktiven Salinen im Mittelmeerraum.

Der Naturpark Sečovlje erstreckt sich über 6,5 Quadratkilometer. Im nördlichen Teil des Parks, Lera, wird immer noch (bzw. wieder) Salz erzeugt, pro Jahr rund 50.000 Tonnen. Lera ist vom südlichen Teil, Fontanigge, durch den Kanal Grande (Drnica) verbunden. Um beide Salinen zu besichtigen, muss man durch zwei verschiedene Festlandzugänge.

Die Salinen Lera

Der für Besucher zu Fuß bzw. per Fahrrad freigegebene Weg in Lera ist etwas mehr als ein Kilometer lang (in eine Richtung). Links und rechts des Weges erstrecken sich Kanäle, Salzbeete und Kristallisationsbecken. Nach rund 300 Metern erreicht man den Shop „Lera", eingerichtet in einem sanierten Salinenhaus.

TIPP

Shop Lera: Im Shop im Naturpark Sečovlje erhält man vor allem Produkte aus dem Angebot der „Piranske soline" sowie Bücher zum Thema Salz, Souvenirs etc. Das Obergeschoss dient als Galerie für lokale Künstler. Vor dem Shop wurde ein Schau-Salzfeld angelegt.

Ganzjährig geöffnet, täglich 9-17 Uhr. Infos Piranske soline: www.soline.si.

Shop Lera im Naturpark Sečovlje

Am Ende des Weges befinden sich Lager und Verwaltungsgebäude des Salzproduzenten „Piranske soline“ samt Multimedia-Infozentrum, Aussichtsplattform für die Besucher sowie das Restaurant „Fioret“ (Salzblüte). Im Multimedia-Zentrum informieren Schautafeln und Videofilme über die Salinen, die Salzgewinnung sowie die verschiedenen Salztypen. Schautafeln und Multimediaangebote sind auf die Sprachen Slowenisch, Italienisch und Englisch beschränkt.

Der Spaziergang durch diesen Teil des Parks ist am interessantesten zwischen Juni und September, wenn sich im verdickten Salzwasser Kristalle bilden und man die Salinenarbeiter bei ihren Tätigkeiten beobachten kann.

TIPP

Okrepčevalnica Fioret: Das Restaurant im Salinenpark bietet typische istrische Küche mit Schwerpunkt auf Fisch (speziell Piraner Wolfsbarsch) und Rezepten rund ums Thema Salz.

Ganzjährig und täglich geöffnet, Sommer 10-17 Uhr, Winter 10-15 Uhr. Bei Voranmeldung wird für Gruppen auch außerhalb der üblichen Betriebszeiten geöffnet, Kontakt: fioret.okrepi@gmail.com.

INFO

Weg der Freundschaft: Beim Eingangsbereich in die Salinen Lera führt ein Fuß- und Radweg den Sv.-Jernej-Kanal entlang. Der Abschnitt ist Teil des „Weges der Gesundheit und der Freundschaft“, der entlang der ehemaligen Parenzana-Bahnstrecke errichtet wurde.

Blicke vom Besucherzentrum auf die Salzfelder

Sv.-Jernej-Kanal in den Salinen Sečovlje

Der Sv.-Jernej-Kanal mündet an der Landspitze Seča ins Meer.

Das Kanal- und Leitungssystem der Saline Lera wird händisch und mit einfachsten Mitteln gesteuert.

Kanal in der (Museums-)Saline Fontanigge

Das Salzgartenmuseum Fontanigge

Grundsätzlich ist es empfehlenswert, beide Teile des Naturparks zu besichtigen. Wer dafür nicht so viel Zeit aufwenden kann oder will, dem sei das „Salzgartenmuseum" Fontanigge nahegelegt.

Der hier freigegebene Weg folgt zum Großteil dem Grenzfluss Dragonja und ist viereinhalb Kilometer lang (eine Richtung), kann aber bei Weglassen des Wege-Vierecks nach der Abzweigung zu den Museumsgebäuden auf rund drei Kilometer abgekürzt werden. Am Retourweg sollte man den zum Teil über Holzbrücken führenden Alternativ-Pfad mitten durch die Salzfelder und direkt vorbei an Salinenhaus-Überresten nehmen, der den Rückweg um rund 15 bis 20 Minuten verlängert, aber schöne Eindrücke bietet.

INFO

Fontanigge: Der Rundgang durch die Salinen Fontanigge kann zu Fuß oder per Rad bewältigt werden. An der Kassa stehen kostenfreie Mietfahrräder bereit.

Die Salzgärten haben zwischen Meer und Festland die Kulturlandschaft an der Küste mitgestaltet: Kanalsysteme, Wälle, Brücken, Salzbeete und Gebäude haben die Landschaft zwar

Überreste der im Mittelalter entwickelten Salinenhäuser

Die sanierten Salinenhäuser dienen als Salzgartenmuseum.

umgeformt, aber nur wenn es unbedingt notwendig war, wurde in die Natur eingegriffen. Das Baumaterial für die Salinenhäuser haben die Salzarbeiter der unmittelbaren Umgebung oder sogar direkt am Bauplatz entnommen: Lehm, Stein, Holz.

Der Siedlungstyp der Salzgärten wurde im Mittelalter entwickelt und ist nur mehr in Fontanigge erhalten. Die sanierten wie auch die verfallenen Salinenhäuser zeugen davon.

Das eigentliche Salzgartenmuseum umfasst vier sanierte Salinenhäuser. Im ersten einstöckigen Haus mit ebenerdigem Salzlager werden die Lebens- und Arbeitssituation einer Salzarbeiterfamilie dargestellt inklusive dem originalgetreuen Nachbau eines für Sečovlje typischen Brotbackofens.

Im zweiten Salinenhaus der Museumsanlage wird in Schautafeln und Originalgegenständen die Geschichte der Salzgewinnung an der nordöstlichen Adriaküste erzählt, mit besonderem Augenmerk auf die Salzgärten von Piran. Im dritten Gebäude werden der Salztransport und Modelle der dafür nötigen Wasserfahrzeuge gezeigt sowie die Besonderheiten des Naturerbes der Salzgärten.

Die Erklärungen hier sind zumindest zum Teil auch in deutscher Sprache abgedruckt. Die Museumssammlung wurde vom Seefahrtsmuseum „Sergej Mašera" im Piran konzipiert und wird auch vom Museum betreut. Das vierte Gebäude wird von Studenten und Forschern genutzt.

Typischer Wohnraum eines Salinenhauses

Gerätschaften der Salinenarbeiter

Vier Salinenhäuser wurden fürs Salzgartenmuseum saniert.

Zucht-Netzbecken der Fonda-Bio-Branzinozucht

TIPP

Branzino Pirano: Nahe dem Naturpark Sečovlje, in der Bucht von Seča, züchten die Geschwister Irena und Lean Fonda den „Piraner Wolfsbarsch" (eingetragene Marke: Fonda Piranski Brancin/Branzino di Pirano). Vor über 30 Jahren begann Vater Ugo Miesmuscheln und Branzini zu züchten, vor über zehn Jahren gründete er mit Tochter und Sohn das Unternehmen. Alle drei Fondas sind Biologen mit Schwerpunkt Meeresbiologie. Drei bis dreieinhalb Jahre haben die Bio-Branzini in den marinen Netzbecken im Naturschutzgebiet Zeit, bis sie rund ein halbes Kilogramm wiegen. Bis dahin werden sie von Hand mit hochwertigstem Biofutter und unter Verzicht sämtlicher Chemikalien gezüchtet. Laut biochemischen Untersuchungen weist der Fonda-Branzino einen bis zu 15 Mal geringeren Quecksilberanteil auf als wilder Wolfsbarsch.

Bezugsquellen und weitere Informationen auf www.fonda.si; bei Voranmeldung bieten die Fondas Führungen (auch in deutscher Sprache) sowie Verkostungen an; Anmeldung erforderlich: +386/ (0)51 605 605.

TIPP

Casa del Sal: Unweit der Salinen Sečovlje führt Petra Marsič ihren „touristischen Bauernhof", eine kleine, feine Pension mit wenigen Zimmern aber viel Herz (Zimmer mit Frühstück). Das im 19. Jahrhundert erbaute Haus beherbergte früher Salinenarbeiter, seit den 1960er-Jahren ist es für Gäste geöffnet. Empfehlenswert sind auch die Produkte aus dem Bio-Bauernhof, vor allem Eingemachtes und Olivenöle.

Geöffnet von Mai bis Mitte Oktober; www.casadelsal.com, +386/ (0)41 666 857.

Bei Voranmeldung kocht Darko Marsič in der Casa del Sal seine typisch istrischen Spezialitäten für Gruppen bis zu ca. 20 Personen. Bei Schönwetter sitzt man auf der Terrasse mit Blick auf die Salinen. Marsič verwendet für seine Gerichte ausschließlich lokale Produkte und Erzeugnisse aus dem eigenen Garten. Kontakt: +386/ (0)51 677 799.

Die Salinen sind Lebensraum für über 250 Vogelarten.

Die Salinen verbinden verschiedene Ökosysteme.

Neben der enormen Bedeutung als slowenisches Kulturerbe begünstigt das (mit über 500 Hektar größte) Küstenfeuchtgebiet den Erhalt einer reichen Vogelwelt sowie die Vegetation einer typischen Salzgarten-Pflanzenwelt. Mehr als 250 Vogelarten (Zug- und Nistvögel) wurden hier bislang festgestellt.

Das Wahrzeichen des Landschaftsparks ist der kleine Seidenreiher, Möwen genießen das „Meerheitsrecht", die Zwergseeschwalbe nistet (in Slowenien) nur an den Salinen. Seltene und gefährdete Vogelarten in den Salzgärten sind Stelzenläufer, Seeschwalbe und Seeregenpfeifer, Reiher, Regenpfeiferartige, Pfeif-, See- und Stockenten, Lappen- und Seetaucher sowie Eisvögel.

Spiegelung des Hinterlandes in den Salinenfeldern

Naturgeschützte Vielfalt

Die Salinen verbinden verschiedenste Ökosysteme und vereinen alle Übergangsformen von Meeres-, Mischwasser-, Süßwasser- und Festlandökosystemen. Dieser „Ausnahmezustand" begünstigt das Gedeihen einer vielfältigen Fauna und damit den Lebensraum für viele weitere Tiergruppen und Arten. Allein mehr als 650 Arten von Tag- und Nachtfaltern sind hier heimisch. Und dort, wo das Salzwasser dem Süßwasser weicht, lebt die Sumpfschildkröte.

Spaziergang mitten durch die Salzgärten

Blick von der Saline Fontanigge aufs Hinterland

TIPP

Lepa vida, Thalasso Spa na solinah: Das Freiluft-Spa, errichtet im nördlichen Teil des Landschaftsparks (Lera), bietet Thalasso-Therapien inmitten der Salzfelder mit Naturprodukten, die eben hier gewonnen wurden. Salzschlamm und Salzlake sind die wichtigsten Faktoren zur Stärkung der natürlichen Abwehrkräfte und zur Verbesserung des Allgemeinbefindens.

Aus dem Angebot: Fango-Salzschlammpackungen, Bad in Salzlake, Salzpeeling, Gymnastik im Meerwasserbecken u.ä.m.

Das Spa ist über den Eingang in den Salinenpark oder mit dem Boot erreichbar; eine Beförderung mit einem Elektrofahrzeug ist ebenfalls möglich.

Geöffnet von Mai bis September.

Infos: www.thalasso-lepavida.si; Tel. +386/ (0)5 672 13 50.

1 Das weiße Kreuz
2 Strunjan Kliff
3 Kirche der heiligen Maria der Erscheinung
4 Lagune Stjuža
5 Salinen Strunjan
6 Pinienallee
1
3
Strunjan
P
NARAVNI SPOMENIK
4 ŠTJUŽA
CHIUSA
TRUNJANSKI ZALIV
KRAJINSKI PARK
200m od obale
ZALIV SV. DUHA
VALLONE DELLO
SPIRITO SANTO
5
KRAJINSKI PARK
STRUNJANSKE SOLINE
SALINE DI STRUGNANO
Strunjan | Strugnano
Strunjan
SV. DUH

2
RONEK
RONCO
MARZANE
VIARO
6

Naturpark Strunjan

Der **Naturpark/Krajinski park Strunjan** erstreckt sich über einen Großteil der Halbinsel Strunjan zwischen Izola und Piran. Der Park hat eine Gesamtfläche von 428 Hektar und eine vier Kilometer lange Küste. 1990 wurde das Gebiet wegen seiner geologischen und geomorphologischen Besonderheiten sowie der großen Artenvielfalt von Fauna und Flora zum geschützten Landschafts-/Naturpark erklärt.

Die Salinen von Strunjan und die Lagune Stjuža sowie ein 200 Meter langer Küstenstreifen sind Naturschutzgebiet. Allein über 200 Vogelarten leben, brüten oder leben zumindest vorübergehend (Zugvögel) im Naturparkgebiet. Die Landschaft hat überwiegend agrarischen Charakter mit

typischen Streusiedlungen, die geprägt sind von der ländlichen Architektur und den für die Landwirtschaft kultivierten Terrassen.

Das günstige Mittelmeerklima und die geschützte Lage der Halbinsel Strunjan haben schon die Römer geschätzt und den fruchtbaren Boden für den Anbau von Feldfrüchten, Gemüse, Obst, Oliven und Wein genutzt, wie archäologische Funde aus der Römerzeit belegen. Urkundlich erwähnt wurde Strunjan erstmals 1284. Ab dem Mittelalter wurde in den Salinen von Strunjan Salz gewonnen. Die Salinen sind heute nicht mehr in kommerziellem Betrieb, werden aber vom Naturpark-Team gewartet, um den ökologischen Lebensraum zu erhalten.

Die Salinen von Strunjan sind Naturschutzgebiet.

Blick von der Lagune Stjuža zur Marien-Wallfahrtskirche

Zu Beginn des 20. Jahrhunderts war Strunjan „der Garten von Triest“: Früchte, Obst und Gemüse wurden mit Schiffen oder mit dem Zug in die italienische Hafenstadt befördert. Im Laufe des Jahrhunderts wurden die Hügel verstärkt auch für Olivenhaine und Weingärten kultiviert. Seit den 1940er-Jahren wird die Kaki angebaut, seit einigen Jahren auch die Artischocke.

Flamingos zu Gast in der naturgeschützten Lagune

Der Name Strunjan geht der Legende nach zurück auf die Hirten, die hier einst besonders einfühlsam auf ihren Saiten-(strune-)Instrumenten musizierten. Passanten waren demnach verzaubert, wie schön die Hirten spielten – strunjajo. Wahrscheinlicher allerdings ist, dass die Halbinsel nach einem der größten Landbesitzer im 4./5. Jahrhundert benannt wurde und sich von Stronnianum ableitet.

Typisch für Strunjan: Streusiedlungen und für die Landwirtschaft kultivierte Terrassen

Frühlingswiese im Olivenhain

TIPP

Die Besonderheiten des Naturparks sind am besten mit einer Führung zu erkunden und zu erfahren, die das Team des Landschaftsparks anbietet.

Wer das Gebiet alleine erforschen will, dem seien die drei vom Park-Team erstellten und beschilderten Themenwege empfohlen. Die Karte mit den Routen erhält man im Besucherzentrum Salinenhaus.

Das Auto stellt man am besten am Parkplatz des Strandbades Talaso Strunjan ab. Von hier sind's etwa fünf Minuten zum Besucherzentrum.

Egal, ob auf eigenen Pfaden oder geführt: Festes Schuhwerk ist zu empfehlen. Hunde kommen an die Leine, und der Natur zuliebe sollte man den Geboten und Verboten folgen.

Frühlings-Impressionen aus Strunjan

INFO

Infos, Kontakt: www.parkstrunjan.si.

+386/ (0)8 205 18 80, +386/ (0)31 339 290.

Besucherzentrum Salinenhaus/Solinarski hiši: ganzjährig geöffnet, Montag bis Freitag 9 bis 15 Uhr.

Naturdenkmal Pinien-Allee

Strunjan-Kliff

Mit dem Auto von Izola kommend ist die **Pinienallee/Pinijev drevored** vor der Abzweigung nach Strunjan die erste sichtbare Besonderheit des Landschaftsparks. Die Straße wurde 1935 gebaut, nachdem die Parenzana (ehemalige Schmalspurbahn von Triest bis Poreč) stillgelegt wurde. Nach Aussagen Einheimischer soll die Allee möglicherweise schon in den 1920er-Jahren gesetzt worden sein. Mit über 100 Pinien ist sie jedenfalls die längste in Slowenien und ein geschütztes Naturdenkmal.

Die von weitem, zumindest vom Meer aus, auffallendsten Besonderheiten sind die längste unbebaute Küste im Golf von Triest und schließlich die 80 Meter hohen Steilwände aus weichen Flyschschichten mit dem Strunjan-Kliff/Strunjanski klif. Das Kliff wird seit Jahrtausenden im Wechselspiel von Ebbe und Flut und von Meer, Wind und Regen gebrochen, geformt

Ehemalige Fisch-Schleuse der Lagune Stjuža

und verändert. 200 Meter dieser an der gesamten Adria größten Steilküste samt Meeresstreifen sind Naturschutzgebiet. Ein farbenprächtiges Naturschauspiel sind die bewachsenen Klippen, typisch für diese Bewaldung sind Hopfenbuche und Flaumeiche. Zu den besonderen immergrünen Pflanzen der Halbinsel zählen Myrte und Erdbeerbaum.

TIPP

Unterwasser-Lehrpfad: Das Team des Landschaftsparks bietet auch geführte Tauchgänge für Gruppen entlang des naturgeschützten Strunjan-Kliffs an. Anmeldung erforderlich; www.parkstrunjan.si.

Gefährdete Lebewesen im Meer sind die im Seegras wachsende Edle Steckmuschel und die Steinkoralle auf felsigem Meeresgrund. Auf dem weichen und schlammigen mit Seegras bewachsenen Meeresgrund finden auch Seepferdchen, Tintenfische und Kraken, Seeigel und Seegurken Nahrung und Versteck. Auf dem festen, felsigen Meeresgrund leben Schwämme, Seedatteln, diverse Fische und Krebse, Meerraben, Meeraale und Seespinnen. „Zu Besuch" zwischen April und Oktober kommt unter anderem die mediterrane Meeresschildkröte.

Die **Lagune/Laguna Stjuža** ist die einzige an der slowenischen Adriaküste und war bis vor 200 Jahren, als damals ein Damm gebaut wurde, eine offene Bucht. Der Name Stjuža kommt vom italienischen Wort „chiusa" – geschlossen. Heute ist die Lagune nur noch durch einen Kanal mit dem Meer verbunden. Bis Mitte des 20. Jahrhunderts war die Lagune eine „Fisch-Farm", heute ist sie, gemeinsam mit den Salinen, Natura-2000-geschützter Lebensraum an Land und zu Wasser. Küstenfischerei ist hier nur wenige Monate im Jahr erlaubt.

Branka Vranič, Frühstücks-Fee im Hotel Tartini Piran

TIPP von

Branka Vranič aus Piran, seit zehn Jahren „Frühstücks-Fee" im Hotel Tartini Piran: „Die Vielfalt in Strunjan ist für mich wie ein Film. Hier spüre ich unglaublich viel positive Energie, wenn ich hinauf zum Weißen Kreuz und zur Klippe oder die Bucht entlang spaziere. Wenn ich zwischendurch Ruhe finden will, spaziere ich auch gerne von Piran aus den kurzen Weg die Küste entlang nach Fiesa. Was ich auch jedem empfehlen kann, ist der Forma-viva-Skulpturenpark in Seča, hier genießt man die Natur und die ausgestellten Kunstwerke."

Der Kanal führt zur nächsten Besonderheit, den Salinen/Soline Strunjan. All diese geologischen, geomorphologischen und maritimen Verschmelzungen bedingen eine biotische Vielfalt an Flora und Fauna, die im Gesamten wiederum den Status Naturreservat ausmachen. Der Lebensraum für Fische, Krusten- und Weichtiere ernährt unter anderem Vögel wie Fisch- und Graureiher, Möwe, Wasserhuhn und viele mehr.

TIPP

Wellness in Strunjan: Der natürlichen Umgebung und der Philosophie des Landschaftsparks entsprechend liegt der Schwerpunkt der Hotels in der Bucht von Strunjan auf einem vielfältigen Entspannungs- und Wellnessangebot. So etwa bietet das Thalasso-Zentrum Strunjan (Talaso Strunjan) neben Strandbad und Hallenbad ein Kur- und Gesundheitszentrum, basierend auf diversen Thalasso-Therapien.

Der Hotelkomplex Salinera etablierte sich als Bioenergie-Resort mit Strandbad und Wellness- und Gesundheitszentrum mit Schwerpunkt auf Entspannung und Erneuerung von Geist und Körper.

Infos, Kontakt: www.talaso-strunjan.si; www.bernardingroup.si/de/salinera.

Blick von den Salinen zur Hotel- und Strandanlage Salinera

Kirche der heiligen Maria der Erscheinung

Abgesehen von den Naturfreunden zieht Strunjan seit über 500 Jahren unzählige Wallfahrer und Pilger an. Denn in der Nacht vom 14. auf den 15. August 1512 ist die Muttergottes Maria zwei Weingartenhütern erschienen. An diesem historischen Ort steht die **Kirche der heiligen Maria der Erscheinung/ cerkev sv. Marije od Prikazanja.**

Die ursprüngliche Kirche stand schon um 1200 hier und wurde von den Benediktinerinnen aus dem St.-Bassus-Kloster und ab 1212 von den Benediktinern aus einem Kloster jenseits der Salinen betreut, die sich hier zum Gebet trafen, wenn sie in den umliegenden Weinbergen zu tun hatten. Ab dem 14. Jahrhundert sorgten Priester aus Piran für die Kirche.

1463 ließ eine reiche Witwe aus Piran, Osvalda Petronio Barcazza, die Kirche erneuern, und die Gläubigen dankten es ihr, indem sie die Kirche Barcazza nannten; bis man sie,

Hauptaltar mit dem Bild der Marien-Erscheinung auf Holz

INFO

Für den Spaziergang zur Marienkirche und weiter zum Kliff bzw. durch die üppige Landschaft der Halbinsel parkt man ebenfalls am besten am Parkplatz des Talaso-Strandbades. Die Gasse hinauf zur Kirche beginnt gleich in der Nähe des Parkraums (Beschilderung beachten).

nach einer Erscheinung der Gottesmutter im Jahr 1512, in Kirche der heiligen Maria der Erscheinung umbenannte. Das Erscheinungsereignis wurde von Francesco Valerio um 1520 auf Holz gemalt, das Bild ziert heute noch den Hauptaltar.

Da sich die Marienkirche recht rasch zu einer Pilger- und Wallfahrtsstätte entwickelte, erhielt sie bald darauf einen eigenen Pfarrer, der im Kaplanhaus lebte, und wurde in den folgenden Jahrzehnten vergrößert. Die zehn Marienbilder der Kirche stammen aus den Jahren 1656 bis 1671.

1907 übernahmen Franziskanerpriester aus Trento die Betreuung der Wallfahrtsstätte und ließen vor den Festlichkeiten zum 400. Jahrestag der Marien-Erscheinung einige Renovierungen durchführen sowie die Decke und den Bogen im Kirchenschiff bemalen. Seit 1961 ist Strunjan eine eigene Pfarrgemeinde und die Wallfahrtskirche zugleich Pfarrkirche.

Unweit der Kirche, an der Kliffspitze, wacht ein weißes Kreuz über Pilger und Seefahrer.

Bilder mit Szenen aus dem Leben der Muttergottes und Marien-Statuen zieren die seitlichen Kirchenwände.

Glockenturm und Pfarrhaus der Marien-Kirche

Innenraum der Wallfahrtskirche

Die Decke der Wallfahrtskirche wurde 1912 zum 400. Jahrestag der Marien-Erscheinung bemalt.

Das weiße Kreuz mit Blick auf den Golf von Triest

TIPP

Das Fest der Kakis wird Mitte November gefeiert, mit kulinarischen Spezialitäten rund um die Frucht, die seit 1935 auf der Halbinsel Strunjan angebaut wird.

Kaki-Baum in Strunjan

Kirche der Marien-Erscheinung in Kastanienblüte

PLAŽA SVETILNIK
PETELINJI RT
Levstikova ul.
Ul. S. Mašere
ulica
SV. MAVER
To
Ul. G. Bruna
Trubarjeva ul.
Aškerčeva ul.
Gregorčičeva
Kopališka
Alietova ul.
Veliki trg
Manziolijev trg
Smrekarjeva ulica
Verdijeva
Koprska ulica
Ljubljanska ul.
Sončno nabrežje
rep
Marina
P
Izola | Isola

Gubčeva ul.
v. Petra
rniška ulica
Kosovelova ulica
Premrlova ul.
Zustovičeva ul.
gnarjeva
rtanova ulica
Ul. ob starem zidu
Cankarjev drevored
Plenčičeva ul.
Brkinska ul.
Ul. svobode
Bazoviška
ke Pittonijeva
E.
tana
© GEODETSKI INŠTITUT SLOVENIJE

Izola – Rundgang

Aus Piran kommend biegt man nach dem Hotelkomplex Belvedere in Richtung Izola, folgt der Straße ins Zentrum (beim Kreisverkehr an der Jagodje links und gleich wieder rechts; geradeaus gelangt man zum Badestrand Simonov zaliv) und biegt nach dem stillgelegten, aber unübersehbaren ehemaligen Fabriks- bzw. Werftgebäude mit dem 64 Meter hohen Schlot (an der Dantejeva ulica) auf einen in unmittelbarer Nähe der Marina Izola gelegenen (gebührenpflichtigen) Abstellplatz.

Die Halbinsel Izola

Blick vom Stadthafen zur Marina Izola

Zunächst bietet sich ein kleiner Rundgang durch die Marina an, bevor man sich den Kai entlang in Richtung Altstadt wendet.

Den Kai (Sončno nabrežje) entlang erlebt man zunächst typisches Uferpromenadenflair mit Cafés, Konditoreien und Restaurants, gelangt zum Fischereihafen samt Mole und Leuchtturm beim Veliki trg (Hauptplatz), zum Fischmarkt („Levante") und weiter bis zum Punta-Leuchtturm am Stadtstrand.

Nach den Liegewiesen an der Kopališka führt die Levstikova ulica den Hügel hinauf zur **Pfarrkirche des heiligen Maurus/ cerkev sv. Mavra** am Trg sv. Mavra, am höchsten Punkt der ehemaligen Insel.

Die erste, 1356 an dieser Stelle errichtete, Kirche spielte 1380 eine wesentliche Rolle in der Legende vom „Wunder von Izola". Am 23. Oktober dieses Jahres versammelten sich verzweifelte Bürger in der Kirche und baten den heiligen Maurus um Schutz vor einem Angriff der Genueser Flotte. Die Gebete wurden erhört – dichter Nebel und eine listige weiße Taube vereitelten den Ansturm. Die Taube flog vom Kirchdach zu den Schiffen, die ihr im Glauben folgten, sie leite die Flotte an die Küste. Stattdessen dirigierte das Tier die Feinde aufs offene Meer hinaus, kehrte mit einem Olivenzweig im Schnabel zurück zu den Gläubigen und legte den Zweig als Symbol für Frieden und Sicherheit ab. Die Friedenstaube mit dem Olivenzweig wurde zum Symbol und Wappenmotiv von Izola.

Die heutige (äußere) Gestalt erhielt die Kirche beim Neubau im Jahre 1547; 1585 wurde der 30 Meter hohe Glockenturm aus istrischem Stein und nach venezianisch-gotischem Grund-

Uferpromenade in Izola

Stadthafen beim Veliki trg

Stadtstrand an der Punta-Spitze

St.-Maurus-Pfarrkirche

Pfarrkirche mit Glockenturm

riss errichtet. Nach mehreren Umbauten wurde die Maurus-Kirche zuletzt Anfang des 20. Jahrhunderts umgestaltet und erhielt ihr heutiges Aussehen, wobei die barock umgestaltete Renaissancekomposition sowie weitere historische Elemente erhalten blieben. In den frühen 1980er-Jahren wurde die Kirche generalsaniert. Stolz sind die Izolaner auf die zehn barocken Altäre, die Callido-Orgel aus dem Jahre 1796 und Gemälde, die zum Teil noch aus dem 15. Jahrhundert stammen.

INFO

Die Pfarrkirche des heiligen Maurus sowie die Ausstellung „Schätze des heiligen Maurus" in der Sakristei sind im Sommer zur Besichtigung geöffnet. Bei den Altären und anderen Kunstwerken liegen Informationsblätter in slowenischer, italienischer, englischer und deutscher Sprache auf. Die Ausstellung zeigt liturgische Kunstwerke und Gegenstände, darunter eine Reliquie des heiligen Donatus aus dem 19. Jahrhundert, Kerzenleuchter, Prozessionskreuze, Heiligenbilder in geschmiedetem Silber, Kelche, Monstranzen, barocke Messgewänder, ein Tauf- und Sterbebuch aus dem Ende des 17. Jahrhunderts, ein römisches Messbuch aus dem Jahr 1755 und einiges mehr.

Öffnungszeiten: Juli, August, Montag bis Samstag 9-13 und 17-20 Uhr, Sonntag 11-20 Uhr.

Vom Maurus-Platz (beim Pfarrhaus) führt die typische Altstadtgasse Giordanova ulica zur Gregorčičeva ulica und damit unmittelbar zum spätbarocken **Palast Besenghi degli Ughi/Besenghijeva palača**, erbaut in den Jahren 1775 bis 1781. Die wohlhabende istrische Familie Besenghi beauftragte den Architekten Filippo Dongetti aus Mailand mit dem Bau, einen der wichtigsten Architekten jener Zeit. Im Palast hielt die einflussreiche Adelsfamilie große Empfänge ab und legte eine umfangreiche Bibliothek an, aus der rund 3.000 Bücher und Handschriften aus dem 16. und 17. Jahrhundert erhalten sind. Der steinerne Löwe an der Ecke des Gebäudes stammt aus dem 13. Jahrhundert, als an dieser Stelle das Rathaus stand, und wurde unter der Ruine des ursprünglichen Gebäudes gefunden.

Die Fassade des Gebäudes ist mit reichem und verspieltem, die Fenster rahmendem Stuck geschmückt; der Männerkopf an der Pforte wiederholt sich am Balkonportal. Weithin auffällig sind die venezianisch geschmiedeten Fenstergitter und das Balkongeländer in hellem Blau.

Pfarrkirche des heiligen Maurus

Palast Besenghi degli Ughi

Balkon oberhalb des Portals des Palastes Besenghi degli Ughi

Zeremoniensaal im Palast Besenghi degli Ughi

Der Dichter und Freigeist Pasquale Besenghi degli Ughi und sein Bruder Giacomo waren die letzten Sprosse der Familie. Ihnen wurde die istrische Heimat allerdings zu eng, und der Palast war jahrelang mehr oder minder verlassen, bis 1883 eine Spitzenklöppelschule darin errichtet wurde. Heute ist das prunkvolle Gebäude Sitz der Musikschule; der stuckverzierte Rittersaal dient als Konzert- sowie als Zeremoniensaal für Hochzeiten.

Ehemaliges Bethaus der Geißelbrüder

Gregorčičeva ulica

Das eher unauf- und baufällige Gebäude neben dem Palast ist eines der ältesten in Izola und stammt aus dem Jahre 1451: das **Bethaus/molilnica Scuola Battuti,** ein Gebetshaus der „Geißelbrüder", der Bruderschaft der Flagellanten. Das Innere wurde mehrmals umgearbeitet, außen behielt es die gotische Form.

Der Gregorčičeva ulica „stadtauswärts" folgend (mit Blick auf den Besenghi-Palast stehend nach rechts) gelangt man zur Muzčeva ulica und weiter zum Trg Etbina Kristana mit dem kleinen, aber feinen Gemüsemarkt und der (aufgelassenen) St.-Dominikus-Kirche aus dem späten 17. Jahrhundert.

Am Ende des Marktes führt die Ljubljanska ulica ins Künstler- und Galerienviertel, gekennzeichnet bzw. vermarktet als „Art Streets", bestehend aus dem weiteren Verlauf der Ljubljanska

Gemüse- und Obstmarkt am Platz/Trg Etbina Kristina

„Art Street" Koprska ulica

und der parallel verlaufenden Koprska ulica. „Art Streets" ist ein Projekt der Stadt, das altes Handwerk, Kunsthandwerk, Künstlerateliers sowie Galerien umfasst und das Kulturerbe des Küstenstädtchens präsentiert.

„Art Street“ Ljubljanska ulica

Schnittpunkt der beiden „Art Streets“ mit Caffè alle porte

Am Schnittpunkt der beiden Gassen befindet sich ein schmuckes Haus (mit Café im Erdgeschoss), das erst Anfang des 20. Jahrhunderts seine heutige neugotische Fassade erhielt und davor ein einfaches Steinhaus war. Rechts davon, über die Koprska ulica erreicht man die Ulica Alme Vivode, in der sich das Museum der Schmalspurbahn Parenzana befindet.

INFO

Museum der Schmalspurbahn Parenzana: Im Parenzana-Museum sind die wichtigsten Daten und Fakten aus der Geschichte der Schmalspurbahn Parenzana gesammelt, die von 1902 bis 1935 mit einer Spurweite von 0,76 Metern von Triest über Koper, Izola, Portorož, Buje bis Poreč fuhr. Zu sehen sind eine große Fotosammlung, diverse Exponate zu Geschichte und Streckenverlauf der Bahn sowie Modelle der historischen Züge.

Außerdem ist im Parenzana-Museum eine der umfangreichsten Sammlungen von Eisenbahnmodellen weltweit und aus aller Welt ausgestellt. Die Räumlichkeiten beherbergen zudem das Museum des Schiffsmodellbaus.

Seit 2008 ist die Parenzana-Strecke ein Rad- und Wanderweg und unter dem Titel „Weg der Gesundheit und der Freundschaft" ein Symbol der Verbindung von Menschen verschiedener Herkunft. Der Freundschaftsweg führt unter anderem durch den 244 Meter langen Tunnel bei Jagodje, der mit gemeißelten Steinblöcken lokaler Herkunft ummauert ist.

TIPP

Caffè alle porte: Kaffee, Eis, Snacks, Drinks, Cocktails ... sehr nettes, bei Einheimischen beliebtes Café, mittendrin in der Stadt Izola. Ganzjährig geöffnet, Montag bis Freitag 7-22 Uhr, Samstag 7-1 Uhr, Sonntag 8-23 Uhr.

Die „Laibacher Gasse" führt zum Manziolijev trg. Prägend und namensgebend ist das **Manzioli-Haus/Manziolijeva palača,** eines der ältesten Gebäude in Izola, das 1470 gebaut wurde und ein typisches Bürgerhaus im venezianisch-gotischen Stil darstellt. Bauherr des Gebäudes war einer der ersten Bürgermeister von Izola, Tommaso Manzioli. Unter seine Amtszeit fällt auch der Bau des Stadthafens „Mandrač", dessen heutiges Erscheinungsbild ab dem 17. Jahrhundert entstand.

„Angelehnt" ans Manzioli-Haus ist das Geburtshaus des Wissenschaftlers Domenico Lovisato aus dem 16. Jahrhundert, das ebenfalls Manzioli bauen ließ. Der barocke **Palast/Palača Lovisato** wurde 2003 (gemeinsam mit dem Manzioli-Palast) renoviert, wobei darauf geachtet wurde, die Zeugnisse der ursprünglichen römischen Villa sichtbar zu machen, die einst hier stand. In den Räumen hat heute die Vertretung der italienischen Minderheit ihren Sitz. Im Manzioli Palast befinden sich auch Räumlichkeiten für Kunstausstellungen.

Manzioli-Platz mit Manzioli-Palast (links) und Palast Lovisato

Gotische Fenster am Manzioli-Palast

TIPP

Manzioli Wine Bar: Feinst und reich sortierte Bar der Winzerfamilie Zaro mit slowenischen Weinen, dazu regionaler Schinken, Käse etc. und eigene Oliven; bei Schönwetter sitzt man am historischen Platz, bei schlechtem im Palais; die eigenen Wein der Familie Zaro gibt's zum Ab-Hof-Preis. Die seit 1348 in Izola angesiedelte Familie betreibt auch einen Ferienhof in unmittelbarer Nähe der Bucht Viližan, der nur einen Kilometer von Izola entfernt ist.

Manziolijev trg 5, ganzjährig geöffnet, Montag bis Donnerstag 8-24 Uhr, Freitag, Samstag 8-1 Uhr.

Barocke Fenster am Palast Lovisato

Bonbonfarben am Manzioli-Platz

Am Manzioli-Platz in Richtung Hafen gelegen ist die **Kirche der heiligen Maria von Alieto/cerkev sv. Marije Alietske.** Diese älteste Kirche in Izola verweist mit ihrer romanischen Struktur auf ihre Errichtung in der zweiten Hälfte des 11. Jahrhunderts. Ihr heutiges Erscheinungsbild erhielt sie bei einer Renovierung im Jahr 1884. Im Kircheninneren befinden sich drei Altäre, ein Chor aus Holz und eine Orgel des venezianischen Orgelbaumeisters Nakič. Das Besondere an der Kirche ist ihre achteckig konzipierte Komposition mit einer im Küstengebiet einzigartigen Kreuzgewölbe-Decke.

Kirche der heiligen Maria von Alieto

Ehemaliger Gemeindepalast von Izola

An Stelle der heutigen Häuserreihe standen hier einst ein Getreidespeicher und eine Loggia.

Arkadenbögen der ehemaligen Loggia

Angeschlossen an die Marienkirche ist der dem Hafen zugewandte und ebenfalls in Weiß gehaltene ehemalige **Gemeindepalast/občinska palača,** der ursprünglich 1325 in gotischem Stil errichtet wurde. Die heutige barocke Fassade erhielt das frühere Rathaus im 17. Jahrhundert.

TIPP

Restaurant Hotel Marina: Das meistempfohlene Restaurant in Izola mit Blick auf den Hafen und aufs Meer ist vor allem für Fisch, die regionale Fischsuppe Brodet und Meeresfrüchte bekannt. Das Hotel mit 100 Betten bietet auch einen Konferenzraum sowie einen Wellnessbereich.

Veliki trg 11, täglich geöffnet, Sommer 12-23 Uhr, Winter 12-22 Uhr, www.hotelmarina.si.

Gegenüber dem Gemeindepalast standen einst ein Getreidelager und eine Loggia, die erhaltenen Arkadenbögen aus dem Jahre 1531 stammen von diesen ursprünglichen Gebäuden.

Stadthafen mit Hotel Marina

Am Rückweg über die Uferpromenade zur Marina, am Ende des Sončno nabrežje, bietet sich ein kurzer Abstecher an zum Platz der Republik/Trg republike. An dessen Kreisverkehr steht eine Villa, die ein Zeugnis davon abgibt, in welch prunkvollem, meist historistischem Stil wohlhabende Bürger Anfang des 20. Jahrhunderts bauen ließen.

Gegenüber der Villa findet man im **Pietro-Coppo-Park**, benannt nach dem Kartografen und Forscher, Rastplätze unter Schatten spendenden Platanen sowie eine steinerne Reproduktion der Landkarte der istrischen Halbinsel aus der Werkstatt des Namensgebers. Im Sommer finden hier Konzerte (im Pavillon) statt sowie regelmäßige Antiquitäten- und Handwerksmärkte.

Bürgerhaus aus dem frühen 20. Jahrhundert, heute eine Bank

Pietro Coppos Istrien-Karte, in Stein gemeißelt im Coppo-Park

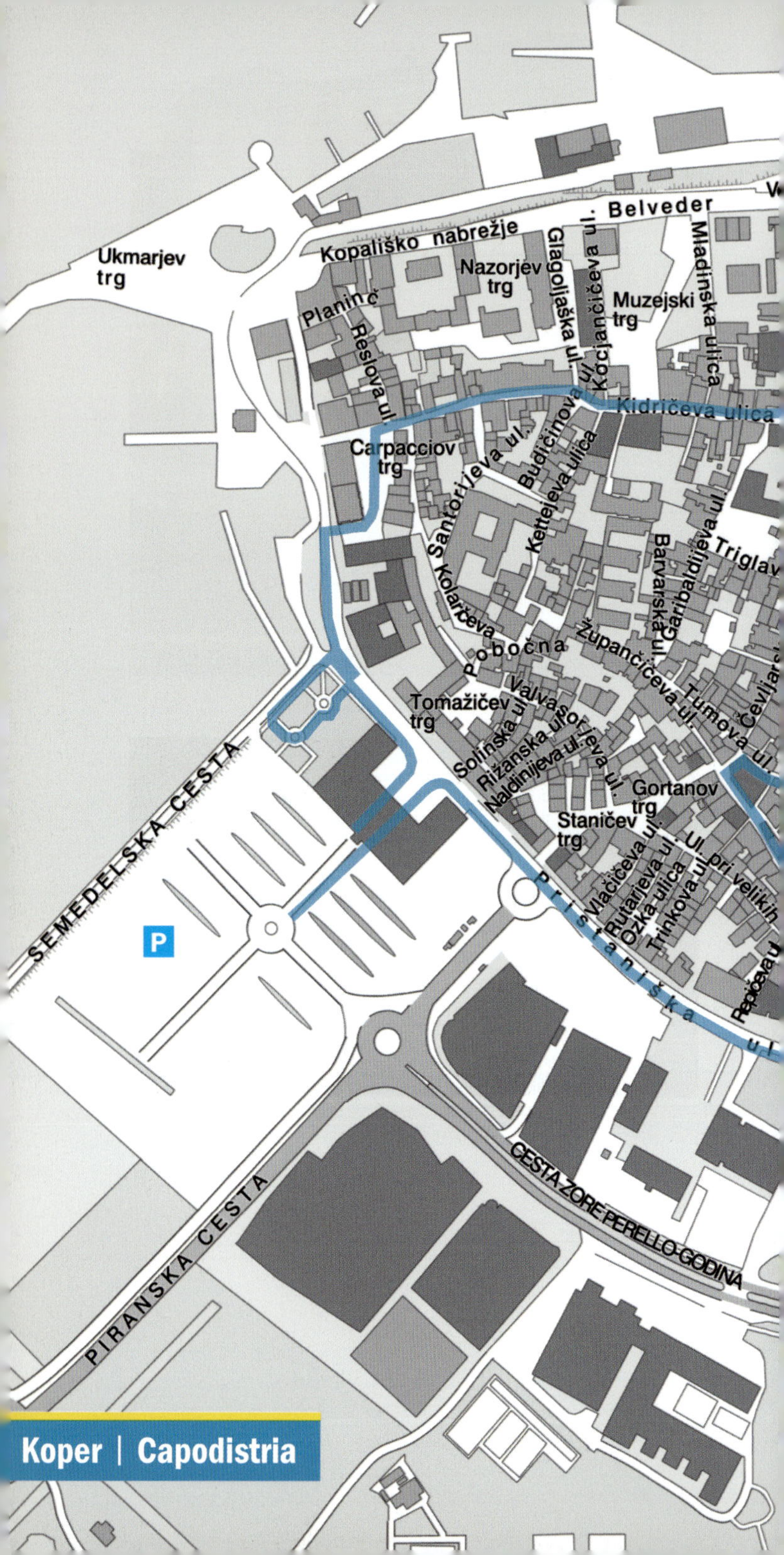
Ukmarjev trg
Kopališko nabrežje
Belveder
Nazorjev trg
Glagoljaška ul.
Kocjančičeva ul.
Muzejski trg
Mladinska ulica
Reslova ul.
Kidričeva ulica
Carpacciov trg
Santorijeva ul.
Budičinova ul.
Kettejeva ulica
Garibaldijeva ul.
Barvarska ul.
Kolarčeva
Pobočna
Župančičeva ul.
Tumova ul.
Tomažičev trg
Valvasorjeva ul.
Solinska ul.
Rižanska ul.
Naldinijeva ul.
Gortanov trg
Staničev trg
Vlačičeva ul.
Rutarjeva ul.
Ozka ulica
Trinkova ul.
Ul. pri velikih
Pristaniška ul.
SEMEDELSKA CESTA
PIRANSKA CESTA
CESTA ZORE PERELLO-GODINA
P
Koper | Capodistria

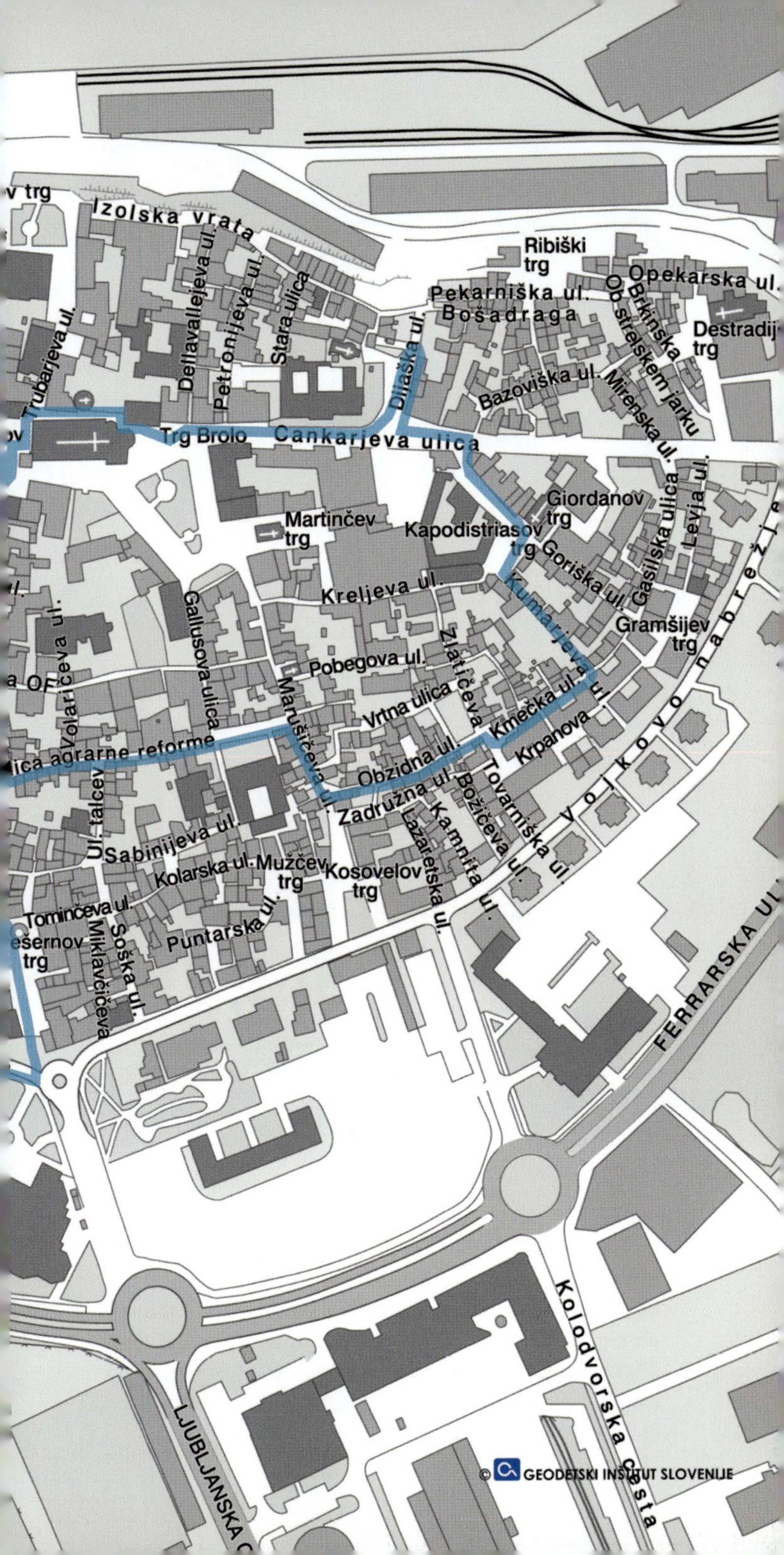
v trg
Izolska vrata
Trubarjeva ul.
Dellavallejeva ul.
Petronijeva ul.
Stara ulica
Dijaška ul.
Pekarniška ul.
Bošadraga
Ribiški trg
Opekarska ul.
Ob strelskem jarku
Brkinska
Destradij
trg
Bazoviška ul.
Mirenska ul.
Trg Brolo
Cankarjeva ulica
Martinčev trg
Kapodistriasov trg
Giordanov trg
Goriška ul.
Gasilska ulica
Levja ul.
Kreljeva ul.
Kumarjeva ul.
Gramšijev trg
Gallusova ulica
Volaričeva ul.
a OF
Pobegova ul.
Zlatičeva
Vrtna ulica
Kmečka ul.
Krpanova
Maruši čeva ul.
lica agrarne reforme
Obzidna ul.
Zadružna ul.
Kamnita
Božičeva
Tovarniška ul.
Vojkovo nabrežje
Ul. talcev
Sabinijeva ul.
Kolarska ul.
Mužčev trg
Kosovelov trg
Lazaretska ul.
Tominčeva ul.
Miklavčičeva
Soška ul.
Puntarska ul.
ešernov trg
FERRARSKA UL.
Kolodvorska cesta
LJUBLJANSKA C
© GEODETSKI INSTITUT SLOVENIJE

Koper – Rundgang

Entlang der Uferstraße (Istrska cesta) aus Richtung Piran/ Portorož kommend verlässt man die Umfahrungsstraße an der Ausfahrt Semedela in Richtung Zentrum von Koper (Piranska cesta) bis zum zweiten Kreisverkehr, an dem man links in einen großen Parkplatz biegt (mit gebührenfreier und gebührenpflichtiger Zone).

Der Parkplatz befindet sich an der Rückseite des Marktgebäudes mit Gemüsemarkt, womit der Spazierweg gleich einmal mit einem „Schaufenster- und Marktbummel“ beginnt. Zwischen Markthalle und Marina ist der **Hlavaty-Park/Hlavatyjev park** angelegt, der an heißen Tagen Schatten und erfrischende Wasserspiele bietet sowie moderne Skulpturen und Büsten.

Moderne Skulpturen im Hlavaty-Park

Obst- und Gemüsemarkt vor der Markthalle

Den Kai entlang erblickt man schon vom Park aus den einstigen, dem heiligen Markus geweihten **Salzspeicher.** Schriftlich belegt ist das Salzhandelsprivileg von 1182, das die Venezianer den Koperanern gewährten. Die Salzgewinnung in der Bucht von Koper hatte zu dieser Zeit aber schon viel länger Tradition. Als nach 1912 die Salinen aufgelassen waren, nutzte man das Gebäude zwischen den beiden Weltkriegen für den Fischhandel, für andere Läden sowie als Lager für die umliegenden Wirtsbetriebe. Gemäß dieser Nutzung heißt der Speicher „Taverna" und wird heute als (offene) Mehrzweckhalle für Veranstaltungen genutzt.

An der hinteren Seite der Taverna liegt der **Carpaccio-Platz/Carpacciov trg,** benannt nach dem venezianischen Maler Vittore Carpaccio (1465-1525/26), der hier mit seinem Sohn Benedetto, ebenfalls Maler, im nach ihm benannten Carpaccio-Haus lebte. Das Steinhaus in gotischem Stil

Der ehemalige Salzspeicher ist heute eine Mehrzweckhalle.

Carpaccio-Haus und Justina-Säule

stammt aus dem 14. Jahrhundert und diente den Künstlern als Residenz und Atelier. Das allseits bekannte dünn geschnittene Fleischgericht ist übrigens nach dem typischen Rot-Ton der Bilder des Frührenaissance-Meisters benannt.

Die Justina-Säule wurde 1572 von Podestà Andrea Giustinian im Gedenken an die Schlacht bei Lepanto (1571, im Golf von Patras) aufgestellt. Die Schlacht fand am Gedenktag der heiligen Justina (7. Oktober) statt, und der Sieg der christlichen Mittelmeermächte unter Beteiligung der venezianischen Flotte brach den Mythos der unbesiegbaren Osmanen-Flotte.

St.-Nikolaus-Kirche

TIPP

Slaščičarna Kroštola: Zum Ausruhen nach dem Stadtrundgang oder zum Kraft-Schöpfen davor ... das Café mit Blick auf den Hafen, aufs Meer und den Stadtstrand bietet Kaffee, Tee, Eis, Mehlspeisen, Snacks etc. in feinem Ambiente, entweder auf der Terrasse oder auch im gediegenen Innenbereich. Kopališko nabrežje 1, täglich geöffnet 8-22 Uhr.

Am offenen Ende des Carpaccio-Platzes betritt man die leicht ansteigende Kidričeva ulica, an der man nach wenigen Metern die **St.-Nikolaus-Kirche/cerkev sv. Nikolaja** aus dem Jahre 1594 erreicht, die der Sitz der Brüderschaft der Fischer und Seeleute war. Wenige Schritte weiter: die **Kapelle der Heiligen Dreifaltigkeit/cerkvica sv. Trojice**, erbaut 1735.

An die Kapelle anschließend erstreckt sich der **Palazzo/palača Totto ex Gavardo**, der im 18. Jahrhundert aus der Zusammenlegung von drei Häusern zu einem Komplex entstand. Im vorderen Bereich schmückt ein Relief des venezianischen Löwen die rotgefärbte Fassade, das von der mit-

Kapelle der Heiligen Dreifaltigkeit

Palast Totto ex Gavardo (links) und orientalisch beeinflusstes Bürgerhaus

telalterlichen Löwenburg (13. Jahrhundert) stammt, die die ehemalige Inselstadt an ihrer einzigen Verbindung zum Festland schützte. Innenhof, Treppenhaus, Wand- und Bodenmalereien bleiben dem Besucher hinter den geschlossenen Läden leider verborgen.

Gegenüber dem Totto-Palast, und leider nicht minder baufällig, befindet sich eine Reihe besonderer Denkmale örtlicher Bürgerhaus-Architektur: so genannte „case a gheffo“, Gebäude mit hervorstehendem, auf hölzerne Traversen gestütztem Oberstock und orientalisch beeinflusster Fassadengestaltung.

Auf Höhe des Muzejski trg steht der **Palast/palača Belgramoni-Tacco** aus dem 17. Jahrhundert. Den Doppelnamen trägt der Palast, da ihn ein Mitglied der Familie Belgramoni bei einem nächtlichen Kartenspiel an die Familie Tacco verloren hatte. Nach dem Aussterben der Familie bestimmte die Ge-

Loggia am Tito-Platz

meinde den Palast für kulturelle Zwecke. Nach dem Ersten Weltkrieg war darin das Stadtmuseum für Geschichte und Kunst untergebracht. Heute ist im Palast die Sammlung des **Regionalmuseums Koper/Pokrajinski muzej Koper** ausgestellt, mit Exponaten des Kulturerbes von Nordistrien ab der frühgeschichtlichen Periode mit einem Schwerpunkt auf dem Erbe aus der venezianischen Herrschaft.

INFO

Regionalmuseum/Pokrajinski muzej Koper (Belgramoni Palast)
Öffnungszeiten: Dienstag bis Freitag 9-17 Uhr, Samstag und Feiertage 11-17 Uhr, Sonntag 11-15 Uhr, Samstage von Mai bis August 11-22 Uhr, www.pokrajinskimuzejkoper.si.

Nur wenige Schritte weiter betritt man das Herzstück am höchstgelegenen Punkt der Altstadt, den **Tito-Platz/Titov trg** mit den allerwichtigsten Zeugnissen venezianischer Baukunst. Die **Loggia/Loža**, am Schnittpunkt des Platzes mit der

Der Palast Belgramoni-Tacco ist Sitz des Regionalmuseums.

Verdijeva ulica, wurde im 15. Jahrhundert erbaut. Durch Umbauten im 17. Jahrhundert erhielt sie ihr heutiges Aussehen, wobei die venezianisch-gotische Charakteristik erhalten blieb.

In der Verdijeva ulica befindet sich übrigens das **Gledališče Koper/Teatro Copadistria** und die heutige Stadtverwaltung. Am Ende der Gasse blickt man zum Hafen und erhält eine Ahnung von der Größe des Umschlagplatzes.

INFO

Das **Gledališče Koper/Teatro Capodistria** wurde 2001 gegründet; es ist das zweitjüngste professionelle Theater in Slowenien und das einzige an der Küste. Pro Spieljahr haben durchschnittlich sechs Eigenproduktionen Premiere: Klassik sowie Gegenwartstheater mit Schwerpunkt kritische Komödien, Kindertheater. Gastspiele ergänzen den Spielplan des Ganzjahresbetriebes.

Infos: www.gledalisce-koper.si.

Die **Loggia** wurde 1462 erbaut und ersetzte die alte Loggia neben dem Wehr- bzw. Stadtturm. Unter der Aufsicht der Baumeister Nikolaj aus Piran und Tomaso aus Venedig entstand bis 1464 ein eingeschossiger Bau mit fünf Bögen zum Hauptplatz hin und vier Bögen zur Verdijeva hin. Die Loggia war Versammlungsort der Bürger und Stadtverantwortlichen, wo die wichtigsten Fragen des Stadtlebens diskutiert, aber auch Karten- und Würfelspiele abgehalten und allerhand Klatsch ausgetauscht wurden. Die Marienstatue aus gebranntem Ton an der Ecke stammt aus dem Jahre 1555 und wurde in Gedenken an die Pestepidemie 1554 hier eingesetzt.

1698 wurde die Loggia aufgestockt und um zwei Bögen erweitert, die der Verdijeva-Seite entnommen wurden. Charakteristisch für die einzige erhaltene, gotische Loggia in Slowenien sind die schlanken Steinsäulen, auf denen die Spitzbögen ru-

INFO

Die Galerie Loggia/Galerija Loža Koper gehört zum Verband der Küstengalerien/Obalne Galerije Piran. Gezeigt werden hier vor allem Einzelausstellungen etablierter zeitgenössischer slowenischer Künstler sowie nationale und internationale Themen-/Sammelausstellungen.

Zum Verband der Küstengalerien gehört auch die **Galerie Meduza/Galerija Meduza Koper.** Hier liegt der Fokus auf junger slowenischer Kunst und Kunsthandwerk in verschiedenen Techniken/Medien (Malerei, Zeichnung, Grafik, Bildhauerei, Buchdruck, Video) und junges Design (Čevljarska 34). Website: www.obalne-galerije.si.

TIPP von

David May, stammt aus Celje, seit 9 Jahren in Piran, seit 7 Jahren Rezeptionist im Hotel Tartini Piran, Musiker und Tausendsassa: „Wenn ich Freunde treffen will, gehe ich am liebsten ins Loggia Caffè in Koper. Hier treffen sich Geschäftsleute, um zu besprechen, was zu besprechen ist, genauso wie Künstler und Freigeister. Wenn ich nach meinem Dienst im Hotel noch jemanden treffen will, gehe ich in die Bar Da Noi an der Uferpromenade in Piran. Hier treffe ich immer Freunde und liebe Bekannte, und im Sommer gibt's regelmäßig Livemusik."

Loggia Caffè: Kaffee, Tee etc. Panini als Snack, umfangreiche Wein- und Spirituosenkarte, Cocktails. Titov trg 1, ganzjährig geöffnet, Montag bis Donnerstag 7-22, Freitag 7-24 Uhr, Samstag 9-24 Uhr, Sonntag 9-22 Uhr.

Bar Da Noi: Tages- und Nacht-Bar-Café mit entsprechendem Angebot an Kaffee, Drinks etc., Snacks; im Sommer etwa einmal die Woche Live-Musik; Piran, Prešernovo nabrežje, geöffnet täglich 8 bis 1 Uhr.

hen, die Wappenreliefs an der Fassade sowie die Balustraden und Steinbänke an den seitlichen Bogenpaaren. 1846 wurde das Schmuckstück in ein Kaffeehaus verwandelt, in dem zunächst nur die Oberschicht verkehrte und das bis ins 20. Jahrhundert ein Treffpunkt von Schriftstellern, Philosophen und anderen Intellektuellen blieb. Im über vier Stufen erreichbaren ebenerdigen Geschoss wird heute noch Kaffee gebrüht; das Obergeschoss, in das man durch einen gesonderten Eingang nebenan gelangt, beherbergt die Räumlichkeiten der **Galerie Loggia/Galerija Loža Koper.**

Der mächtige Bau gegenüber der Loggia ist der **Prätorenpalast/Pretorska palača,** der ab dem 13. Jahrhundert aus zwei älteren Häusern und der ehemaligen Loggia entstand. Sein heutiges Erscheinungsbild erhielt der Amtssitz des Podestaten

David May, Singersongwriter und Rezeptionist

von Koper durch Um- und Zubauten bis zur Fertigstellung in der zweiten Hälfte des 17. Jahrhunderts. Von diesem Gebäude aus wurde jahrhundertelang die Stadt und die Provinz Istrien verwaltet, die Fassade ist ein steinernes Bilderbuch der mächtigsten Herrscher jener Zeit.

Charakteristisch für den zwei- und teils dreigeschossigen Bau sind die Fassadenelemente aus der Spätgotik sowie der Renaissance, die turmartigen, zinnenbekränzten Flügel und eine Außentreppe, die zu einem auf Stützpfeilern ruhenden Balkon führt, unter dem ein Bogendurchgang zur Čevljarska ulica („Schuhmachergasse") führt. Ein langer Balkon mit Rundbogenfenstern, Wappenreliefs und Büsten mittelalterlicher Podestaten machen den Bau zu einem herausragenden Architekturdenkmal Sloweniens. Mit der Errichtung des Zinnenfrieses wurde die Baugeschichte 1664 abgeschlossen; mittig zwischen den Zinnen steht eine steinerne, mit dem Schwert der Gerechtigkeit bewaffnete Statue der Justitia.

Im Durchgang zur „Schuhmachergasse" sind Reste der ehemaligen Loggia erkennbar. In der ebenerdigen rechten Hälfte des Palastes sind Tourismusinformation sowie eine Galerie eingerichtet; größere und kleinere Säle dienen der Gemeinde für Repräsentationszwecke, Büros und als Festsaal.

Rechtwinkelig anstoßend erstreckt sich der ehemalige Justizpalast, der heute nach den beiden Gebäuden benannt ist, aus denen er errichtet wurde: Foresteria und Armeria. Die Foresteria hieß ursprünglich „Albergo nuovo", wurde im 15. Jahrhundert gebaut und diente dem Podestaten als Gästehaus und für Empfänge. Den eher schlicht gehaltenen Palast ziert ein steinernes, „Porta del Corte" benanntes Renaissance-Tor. Das

Der Prätorenpalast mit dem Durchgang zur Čevljarska ulica

Justitia-Statue zwischen den Zinnen des Prätorenpalasts

Nachbargebäude „Armeria“ diente bis 1550 als Waffenlager, danach als Pfandhaus und als Sitz städtischer Beamter und Vermögensverwalter. Die Bauwerke wurden im 18. Jahrhundert verbunden und um ein Stockwerk erhöht.

Das Highlight aus kunst- und sakralhistorischer Sicht ist die Kathedrale der Bischofsstadt Koper. Die **Domkirche Mariä Himmelfahrt/swtolnica Marijinega** vnebovzetja prägt mit ihrer Vorderfront einerseits den Tito-Platz und mit der Rückseite den anschließenden Brolo-Platz/Trg Brolo.

Die Ursprünge des Bistums Koper gehen zurück ins 6. Jahrhundert. Erster Bischof soll einer Legende zufolge der heilige Nazarius gewesen und schon 524 in das Amt berufen worden sein. Ab dem 14. Jahrhundert wurde er aufgrund der Wunder und Taten, die ihm zugeschrieben wurden, als Schutzpatron der Stadt verehrt.

Foresteria und Armeria am Tito-Platz

Domkirche Mariä Himmelfahrt mit Glockenturm

Die Grundsteinlegung des heutigen Domes jedenfalls geschah in der zweiten Hälfte des 12. Jahrhunderts, als die dreischiffige romanische Basilika mit drei Apsiden erbaut wurde. Der romanische Kirchenraum ist heute an der Südseite erkennbar, wo die typischen trichterförmigen Fenster erhalten geblieben sind.

Dreischiffiger Kirchenraum des Mariendoms

1392 wurde die Kirche erweitert und in gotischem Stil umgebaut. Anno 1488 wurde die Kirche abermals erweitert, aufgestockt und umgestaltet, wobei die untere Hälfte der Fassade aus weißem, istrischem Stein gotisch blieb und die obere Hälfte eine Renaissance-Fassade erhielt. Die dekorativen Renaissance-Elemente sind an der Westseite (Seiteneingang hinter dem Turm) erhalten sowie in gemeißelten Details am Haupt-Portal.

Der Innenraum der Kathedrale wurde in der ersten Hälfte des 18. Jahrhunderts vereinheitlicht und unter venezianischem Einfluss zu einem der größten barocken Kirchenräume in Slowenien umgestaltet. Die Außenmaße des Doms betragen seither 70 Meter in der Länge und 25 in der Breite. Die innere Länge des Kirchenschiffs beträgt 40 Meter, die Breite 24 Meter. Die Arbeiten wurden vom Architekten Giorgio Massari geleitet, der unter anderem Dombaumeister von San Marco in Venedig war.

Zu den größten Schätzen der Bischofskirche zählen zahlreiche Gemälde venezianischer Meister, allen voran Vittore und Benedetto Carpaccio, sowie von Antonio Zanchi, Pietro Liberi, Andrea Celesti u.a.m.

Das berühmteste Gemälde im Dom ist Vittore Carpaccios mit 1516 datierte „Sacra conversatione“, das der Meister für den Altar des heiligen Rocchus malte und die Muttergottes mit dem Jesukind in der Gesellschaft von Heiligen zeigt.

Von den bildhauerischen Kunstwerken ist der gemeißelte Sarkophag des heiligen Nazarius aus der Mitte des 14. Jahrhunderts (vermutlich von Filippo de Sanctis) hinter dem Hauptaltar mehr als sehenswert: Auf dem Deckel ruht der leblose

Rokoko-Kanzel und Heiliges-Kreuz-Seitenaltar

Peter-und-Paul-Seitenaltar

INFO

Altäre und andere Schätze des Doms

Der Hauptaltar ist eine Arbeit des Piraner Meisters Gasparius Albertini (1789); hinter dem Chorgestühl befindet sich der Sarkophag des heiligen Nazarius. Das Chorgestühl aus Olivenholz ließ Bischof Agostino Bruti in den Jahren 1686-1687 von Tischlermeister Stefano Bandesi Tedesco anfertigen. Aus dieser Zeit stammt auch das Bibelpult des Chores.

Der vergoldete hölzerne Bischofsthron mit Seitenlehnen und hoher Rückenlehne stammt aus dem Jahre 1730.

Der Altar der Apostel Petrus und Paulus stammt aus der aufgelassenen Kirche St. Dominikus (1806). Das Altarbild ist eine der besten Arbeiten des Koperaner Malers Bartolomeo Gianelli (1824-1894). Von ihm stammt auch das Bild am Altar der „Immaculata", das Gianelli 1854 im Auftrag des Domkapitels anlässlich des von Papst Pius IX. erlassenen Dogmas der unbefleckten Empfängnis Mariä (8. Dezember) anfertigte.

Der Altar des heiligen Hieronymus aus dem Jahr 1670 schuf der venezianische Bildhauer Alessandra Tremingnan.

Der Altar des heiligen Kreuzes stammt von Bildhauer Scipione Biggi Carrara und ist ein Geschenk des Kanonikus Abata Schiavi aus Koper.

Die Rokoko-Kanzel aus dem Jahr 1758 schuf der Bildhauer Lorenzo Farolli. Die Kirchenorgel aus dem Jahr 1773 baute der venezianische Orgelbaumeister Gaetano Callido, nachdem ein Blitz 1771 die vorherige Orgel vernichtet hatte.

Körper des Stadtpatrons, an der Vorderseite des steinernen Sarges reihen sich die Wunder, die dem Schutzheiligen zugesprochen werden.

Der **Glocken- und Stadtturm/zvonik koprske stolnice** war ursprünglich ein mittelalterlicher Wehrturm und wurde ab dem 15. Jahrhundert umgebaut. Seit der Dom-Erweiterung 1488 ist er kein freistehender Turm mehr (wie der venezianische Campanile), sondern „dockt" an die Kathedrale an; fertig gestellt wurde er 1664. Der Campanile von Koper besteht aus vier Geschossen, das oberste ist auf allen Seiten durch Quadriforien (jeweils vier Bogenfenster) aufgerissen. Darüber befindet sich eine Terrasse mit Helmdach. Im Kirchturm hängt eine der ältesten Glocken in Slowenien (1333), gegossen von „Meister Jakob" aus Venedig.

Der heute in Gemeindebesitz befindliche Glockenturm ist 54 Meter hoch. Gegen ein bescheidenes Entgelt kann der

Rotundenkirche der heiligen Muttergottes von Karmel

Besucher die 204 Stufen bis zur Terrasse in 43 Metern Höhe hochsteigen und erhält dafür eine Aussicht bis in den Karst und die Bucht von Triest.

INFO

Die Aussichtsbalustrade des Glockenturms von Koper ist täglich von 9 bis 17 Uhr geöffnet, Ticket und Schlüssel in der Tourismusinfo im Prätorienpalast.

Eine weitere Besonderheit des Doms von Koper ist die Taufkapelle, eine Rotunde (Rundbau), die getrennt von der Kirche steht und über einen Durchgang zwischen Dom und Loggia hin zum Brolo-Platz/Trg Brolo erreichbar ist. Der Bau geht zurück ins 10. bis 12. Jahrhundert, zählt zu den ältesten in Koper und war das zum Dom gehörende Baptisterium des heiligen Johannes des Täufers. Als der Zweck als Taufkapelle nicht mehr gegeben war, wurde sie zur Karmeliterkirche der heiligen Muttergottes geweiht: **rotunda Karmelske Matere božje.**

Der romanische äußere Steinmantel der Rotunde ist außen mit flachen Lisenen (Mauerblenden) geschmückt, die aus dem frühen 12. Jahrhundert stammen. Die gemeißelten Steine sind auffallend gleichmäßig angefertigt und angeordnet. Anfang des 14. Jahrhunderts erhielt die Kirche ein gotisches Portal und eine Kuppel (1317). Von der venezianischen Herrschaft zeugt ein Relief des Markus-Löwen über dem Portal. Im 18. Jahrhundert wurden Darstellungen der heiligen Klara und Christi Geburt an die Decke gemalt. Im Zuge einer späteren Restaurierung wurden am Scheitelpunkt der Flachkuppel eine ältere Darstellung Christi und im Boden Überreste eines Taufbeckens entdeckt.

Das Bauwerk ist eine der generell seltenen Rotunden und das einzige größere erhaltene romanische Baptisterium in Slowenien. Mitte der 1970er-Jahre musste die Rotunde geschlossen werden, nach einer umfassenden Restaurierung ist sie seit 2005 wieder für Gläubige und Kulturbegeisterte freigegeben.

Völlig zu Unrecht „im Schatten" des zugegeben äußerst beeindruckenden Tito-Platzes liegt der **Brolo-Platz/Trg Brolo** mit einigen weiteren historisch bedeutenden Gebäuden (in der Folge im Uhrzeigersinn beschrieben). Das erste bemerkenswerte Bauwerk hier ist der **Palazzo Brutti/palača Brutti**, erbaut 1714 vom venezianischen Architekten Giorgio Massari. Charakteristisch für den damals italienisch-klassizistischen Stil ist die zentrale Rolle des Portals mit darüber gelegenem steinernen Balkon und die mit Bibelmotiv-Reliefs und Tympanon (Giebeldreieck) geschmückte Fensterreihe im ersten Obergeschoss. Für den Betrachter einigermaßen kurios wirkt die beengende Nähe des vorderen Drittels des Palastes zum Presbyterium der Domkirche: „Passiert" ist das ein und demselben Architekten – Palast und Dom-Erweiterung verantwortete der Venezianer Massari.

Heute ist im Palača Brutti die Zentralbibliothek Srečko Vilhar/ Osrednja knjižnica Srečka Vilharja Koper untergebracht, deren Gründung 1808 initiiert wurde und die nach mehreren Standortwechseln ab 1951 hier ihren Platz fand. Benannt wurde die Bibliothek 1979 nach dem Pionier des slowenischen Bibliothekenwesens, einem Vordenker, Kulturpublizisten und

Palast Brutti, heute Zentralbibliothek

Pädagogen aus Koper. Darin verwahrt sind über 300.000 Bücher und Medien.

Der Brolo-Platz war bis ins 13. Jahrhundert, als die Venezianer den heutigen Tito-Platz zum Hauptplatz machten, Zentrum und durch seine günstige Lage wichtigster Handelsplatz und Treffpunkt der Inselstadt Koper. Vor allem als Marktplatz und Treffpunkt der Bürger spielte der Platz jahrhundertelang eine große Rolle, was sich in den erhaltenen Gebäuden sowie in den jetzigen Verwendungen spiegelt. So etwa arbeiten heute Beamte der Bezirksverwaltung im barocken **Vissich-Nardi-Palast/Palača Vissich-Nardi**, der Ende des 17. Jahrhunderts gebaut wurde. Amtsräume des Gesundheits-, Sanitär- und Veterinär-Inspektorats sind in den Räumlichkeiten des „Fontico“, gleich daneben, untergebracht.

Das **Fontico/Fontik** wurde 1392 als Getreidespeicher erstmals urkundlich erwähnt und erhielt in den Jahren 1460 bis 1525 seine heutige Gestalt. „Fonticos“ gab es in vielen venezianischen Städten und sind meist als „Tuchhaus“ überliefert. In Koper hatte es eine wichtige Versorgungsfunktion vor allem für die ärmere Bürgerschicht: Das darin gelagerte Getreide wurde in schlechten Jahren und zu Kriegszeiten an die Bevölkerung ausgegeben. Hinter den gotischen und Renaissance-Fenstern und dem üppigen heraldischen Schmuck (steinerne Wappenreliefs) würde man heute wohl kaum ein profanes Getreidelager vermuten. Die Wappen der Podestaten waren möglicherweise eine frühe Art der Eigen-PR, eine Art Wahlwerbung der Stadtchefs, die an dieser Stelle ihr soziales Engagement bekundeten.

Daneben bzw. in einem parkähnlichen Vorgarten etwas nach hinten versetzt probt das Pihalni orkester Koper, das städ-

Palast Vissich-Nardi am Brolo-Platz

Ehemaliger Getreidespeicher Fontico

tische Blasorchester. Der gediegene Proberaum war früher einmal die im 14. Jahrhundert errichtete Kirche des heiligen Jakobus/Cerkev sv. Jakoba. Der romanische Kirchenbau aus gemeißelten Steinblöcken ist eine der ältesten und – abgesehen vom später hinzufügten kleinen Glockenturm – weitgehend ursprünglich erhaltenen venezianisch-gotischen Kirchen in Koper.

Im Park in der Mitte des Brolo-Platzes sind zwei Renaissance-Brunnen erhalten, aus denen die Menschen ihr Wasser schöpften. Die Brunnen ließ Podestat Marino Bonzino 1484 errichten.

Gegenüber der Jakobskirche (am Entree zur Gallusova ulica) steht der dreigeschossige **Palast/palača Gravisi Barbabianca**, der im 18. Jahrhundert seine heutige Gestalt erhielt. Wie bei den meisten barocken Gebäuden ist die Fensterreihe im ersten Stock repräsentativ dekoriert und die Mittelachse

Ehemalige Jakobs-Kirche, heute Proberaum

besonders betont: Über dem gemeißelten Portal erhebt sich ein Balustradenbalkon als Vordach, das oberste Geschoss ist mit einem dreieckigen Volutengiebel bekrönt.

Sehenswert sind auch die aufwändig gestalteten Innenräume mit Atrium, großzügigem Treppenhaus und repräsentativem Saal mit Deckenfresko. Der Palast dient heute als Musikschule.

Am Durchgang zum Tito-Platz zwischen Dom und Prätorienpalast hatte einst der Bischof von Koper sein Refugium. Vom ehemaligen Bischofspalast ist heute nur mehr das Portal zu sehen. Der Palast erstreckte sich über den gesamten Hof- und Gartenbereich des heutigen Gebäudes und wurde 1522 fertiggestellt. Im 19. Jahrhundert wurde er zerstört und das heutige Gebäude errichtet. Das (noch vorhandene) **Portal des Bischofspalastes/portal škofijske palače** trägt die Merkmale der Lombardischen Renaissance.

Palast Gravisi Barbabianca, heute Musikschule

Portal des ehemaligen Bischofspalastes

Nach dem Rundgang um den Brolo-Platz geht's zurück zum Vissich-Nardi-Palast, an dessen Eckpunkt die Cankarjeva ulica beginnt. Der napoleonische Präfekt Angelo Calafati ließ während der kurzen französischen Herrschaft (1805-1812) nicht nur eine Ringstraße rund um die Insel bauen, sondern zog vom Brolo-Platz bis zum Hafen im Osten eine großzügige Allee, die Calle Eugenia, die heutige Cankarjeva.

Gotisches Rin-Haus an der Cankar-Straße

An der nach einem der bedeutendsten slowenischen Schriftsteller benannten Straße (Ivan Cankar, 1876-1918) steht gleich zu Beginn an der linken Straßenseite ein rotes venezianisches Haus, das ein wenig wie eine Stiefschwester der „Venezianerin" in Piran wirkt: Das **Rin-Haus/hiša de Rin** stammt ebenfalls aus dem 15. Jahrhundert und fällt vor allem durch die typisch gotischen Fenster auf.

Gotischer Corner-Palast

Gotische Fenster und ein ebensolcher Balkon schmücken auch den gleich anschließenden **Corner-Palast/palača Corner** (15. bis 17. Jahrhundert).

Aus der zweiten Hälfte des 16. Jahrhunderts stammt der wieder einige Meter weiter stehende **De-Belli-Palast/palača De Belli,** ein später barockisierter Renaissancebau mit weithin auffälliger Steinziegelfassade.

An dieser Stelle hinein in die Dijaška ulica findet man das älteste Sakraldenkmal in Koper: die **Rotunde Mariä Himmelfahrt/rotunda Marijnega Vnebovzetja** bzw. Taufkapelle heiliger Elias mit ihren frühromanischen Zügen aus dem 11. Jahrhundert. Mit flachem Kegeldach, steinernem Mantel und flachen Lisenen steht der Bau bescheiden zwischen den späteren modernen Zubauten.

De-Belli-Palast

Rotunde Mariä Himmelfahrt

Gegenüber dem De-Belli-Palast biegt man in den Kapodistriasov trg, wo das Stadt- und Bezirksarchiv angesiedelt ist: das **Pokrajinski arhiv Koper** (Regionalarchiv). Das 1868 ursprünglich als Stadtbibliothek gegründete Archiv hat nach mehreren Umzügen seit 1991 seinen Sitz in diesem ehemaligen Kloster der heiligen Klara aus dem 14. bis 17. Jahrhundert. Die hier lagernden Dokumente stammen zum Teil noch aus dem 12. Jahrhundert.

Wenige Schritte nach dem Archiv, an der Goriška ulica/Ecke Giordanov trg gelegen, kommt man zur **Klosterkirche der heiligen Martha/cerkev in samotan sv. Marte,** errichtet anno 1621. Der Bau des Kapuzinerklosters und der Kirche dauerte nur drei Jahre. Der Altar zeigt Maria mit dem Jesuskind, die mit Pest infizierte Bürger segnet und schützend ihre Hand über Koper hält. Das Gemälde ist von großer Bedeutung für

Klosterkirche der heiligen Martha

Koper, da es die Stadt zeigt, wie sie in der zweiten Hälfte des 17. Jahrhunderts aussah.

Am anderen Ende des Giordano-Platzes steht die Kapelle des **heiligen Justus/cerkvica sv. Justa** aus dem Jahr 1693. Hier biegen wir in die Kumarjeva ulica, die mit den kleinen Häusern und Gärten an der rechten Seite eher mediterran-vorstädtisch als „mitten in der Stadt“ wirkt. Bevor die Gasse zur Stiege wird, wenden wir uns nach rechts in die Kmečka ulica und erreichen die **Thomas-Kapelle/cerkvica sv. Tomaža** aus dem Ende des 16. Jahrhunderts. Von hier an trägt die Gasse den Namen Obzidna ulica, übersetzt (Stadt-)Mauerstraße, und wird dem Namen mit Spuren bzw. verbauten Überresten der mittelalterlichen Stadtmauer gerecht.

Portal des Palastes Verzijev

„Schuhmachergasse" (Čevljarska ulica) bei Weihnachtsbeleuchtung

INFO

Shopping in Koper: In der Altstadt finden sich traditionelle Gewerbe wie Schuhmacher, viele Frisöre, Perückenmacher, Juweliere und Uhrmacher sowie jede Menge Souvenir- und Art-Shops und was man sonst so braucht. Im Gewerbegebiet finden Sie die Shops der großen Handelsketten sowie die Einkaufszentren Planet Tuš (mit Kino) und Supernova, die auch sonntags geöffnet haben.

Portal des Palasts Carli mit Blick in den Innenhof

Am Ende der „Mauergasse" gelangt man über die Marušičeva ulica zum Komplex des ehemaligen **Collegio dei Nobili**, das 1698 errichtet wurde. Ursprünglich war diese Schule den Kindern der Edlen und Adeligen vorbehalten, heute ist darin das italienischsprachige „Gian Rinaldo Carli"-Gymnasium untergebracht.

Am Gymnasium-Platz/Gimnazijski trg folgen wir der Ulica agrarne reforme und kommen nach dem nächsten Häuserblock zum einzig erhaltenen Fragment eines venezianischen Palastes aus dem 15. Jahrhundert: dem **Verzijev Portal**, der Außenmauer und dem Tor zum Palazzo der Adelsfamilie Verzi. Nach weiteren Resten mittelalterlicher Architektur entlang dieser Gasse erreicht man die „Schuhmachergasse" (Čevljarska ulica) und damit wieder den heutigen, geschäftigen Kern der Altstadt Kopers.

Über wenige Stufen am Ende der Gasse offenbart die Župančičeva ulica (nach links gewendet) den barocken **Palazzo/Palača Carli**. Der Palast trägt den Namen der ade-

Palast Carli

ligen Familie des Koperer Enzyklopädisten Gian Rinaldo Carli (1720-1795), der hier im Palast geboren wurde. Trotz des schlichten Äußeren gilt der Palast als eines der bedeutendsten architektonischen Denkmale des Barock. Äußerst sehenswert ist der Innenhof mit Zügen des einst gotischen Objekts und einem Brunnen aus dem frühen 15. Jahrhundert, der an die einstigen Eigentümer, die Bruderschaft des heiligen Klement, erinnert. Der Carli-Palast ist heute der Sitz der Gemeinschaft der italienischen Bevölkerung an der Küste.

TIPP

Okrepčevalnica Istrska Klet Slavček: Traditionelle istrische Gerichte in herzhafter und guter Qualität, darunter auch solche, die man nicht überall bekommt, etwa Bakala mit Polenta, wechselnde Tagesgerichte, heimische Weine vom Fass im urigen Ambiente.

Župančičeva ulica 39, täglich geöffnet 8-22 Uhr; im Sommer Samstag geschlossen.

Da-Ponte-Brunnen am Prešeren-Platz

Kirche des heiligen Basso

Innenraum der Basso-Kirche

Weiter die Župančičeva entlang kommt man zum Prešeren-Platz/Prešernov trg, der den Besucher mit dem großzügig angelegten **Da-Ponte-Brunnen/vodnjak Da Ponte** empfängt.

Als Brunnenstandort wurde der Platz schon 1423 urkundlich erwähnt; das Wasser, das über ein Aquädukt vom Festland in den Brunnen floss, versorgte die Bürger bis 1898. Die heutige Gestalt und den Namen erhielt der Wasserspender 1666 zu Ehren und zum Andenken an den Mäzen und Stadtvorsteher Lorenzo Da Ponte. Der Name des Gönners wird durch eine üppig geschmückte Bogenbrücke mit Balustrade symbolisiert, die das achteckige Becken überspannt. Das Wasser fließt aus den Mündern von vier, an venezianische Masken erinnernden, Steinköpfen. Der Brunnen wird durch 15 kreisförmig aufgestellte Steinpfosten mit plastischen Abschlüssen und Reliefs, u.a. von Wappen der Stifter, geschützt; die Ketten verhinderten den Tieren den Zugang zum Brunnen.

Im mittelalterlichen Koper war dieser Platz der erste hinter dem Stadttor, dem **Muda-Tor/Mudina vrata.** Wenige Meter vor dem Stadttor befand sich das im 15. Jahrhundert errichtete St.-Nazarius-Hospital für arme Bürger und Fremde. 1731

Das Muda-Stadttor mit Resten der alten Stadtmauer

erbaute man an dieser Stelle die **Kirche des heiligen Basso/ Cerkev sv. Bassa.**

Durch das Muda-Stadttor mussten alle Besucher, die über die aufgeschüttete Verbindung vom Festland auf die Stadtinsel kamen. Das Triumphbogenportal wurde 1516 errichtet und ist das einzige unversehrt erhaltene Stadttor aus der Renaissance in Slowenien. Der äußere Steinrahmen stammt aus einer lombardischen Werkstatt und ist unter anderem mit Löwenköpfen und der personifizierten Sonne geschmückt, die zum Symbol und Wappenmotiv der Stadt wurde. Über dem Tonnengewölbe wurde später ein Dreiecksgiebel errichtet. Der zur Stadt gerichtete Torrahmen ist bescheidener gestaltet.

Neben dem Muda-Tor ist ein Teil der ehemaligen Stadtmauer erhalten – mit einem kleineren gewölbten Tor, das den Namen Postierla trägt, und einem Brunnen, das die Wasser spendende Maske des Da-Ponte-Brunnens zitiert. Über dem

Tor ist das Wappen des Podesta Tommaso Morosini mit der Jahreszahl 1706 platziert.

Ob durch dieses kleine oder durchs prachtvolle Muda-Tor – außerhalb der Gemäuer erwartet den Besucher das moderne Koper und damit auch der Weg zum nahe gelegenen Parkplatz hinter dem Marktgebäude aus der zweiten Hälfte des 20. Jahrhunderts.

Gewölbe und Fresken der Dreifaltigkeitskirche in Hrastovlje

Anhang

Ausflüge ins Hinterland (eine Auswahl)

Das karstige Hinterland der istrischen Hafenstädte ist (abgesehen vom Meer) die kulinarische Schatzkammer der Küstenregion und Teil des Ganzen, das den Reiz der Landschaft ausmacht. Die Landschaft zwischen Karstrand und Küste erstreckt sich über die Šavrini-Hügel, Oliven- und Weingärten, Obst-, Gemüse- und Getreidefelder. Bewaldete Hänge und immer wieder „dazwischen gestreute" Zypressen sind die auffallendsten Merkmale, und natürlich die Bergdörfer, die die Idylle perfektionieren.

Das slowenische Istrien ist eines der nördlichsten Gebiete, wo der Olivenbaum wächst. Die klimatischen Besonderheiten geben dem hiesigen Olivenöl ein charakteristisches Aroma; das Öl wird auch aufgrund der vorteilhaften Zusammensetzung der Fettsäuren geschätzt.

Die typischen istrischen Reben sind Malvazija (weiß) und Refošk (rot), im wärmsten Weinbaugebiet Sloweniens gedeihen aber auch die Sorten Cabernet Sauvignon, Merlot, Muskateller, Chardonnay und einige mehr bestens. Obstgärten und Gemüsefelder sind vor allem in den Tallagen des Hinterlandes zu finden. In den Wäldern des Hinterlandes findet die istrische Trüffel einen guten Nährboden.

Typisches Karsthaus in den Šavrini-Hügeln

INFO

Wein, Oliven, Trüffel: Die (meisten) Wein- und Olivenbauern im Hinterland verkaufen ihre Produkte ab Hof; viele sind auch auf den diversen Märkten in den Städten vertreten. Die gängigen Gourmetführer sind voll von wertvollen Tipps, doch selbst Probieren ist spannender und ein Erlebnis beim Ausflug ins Hinterland. Etwas schwieriger gestaltet sich die Trüffelsuche, allerdings werden Trüffelöle und in Olivenöl eingelegte Trüffeln vor allem auf Märkten das ganze Jahr angeboten.

Im Hinterland von Portorož und Piran sind besonders die Dörfer **Sv. Peter, Nova Vas** und **Padna** einen Besuch wert.

Sv. Peter liegt auf einer Höhe von 175 Metern und bietet neben seinem typisch istrischen Dorfcharakter mit alten Steinhäusern, umgeben von Oliven-, Wein- und Obstgärten, einen wunderbaren Blick aufs Dragonja-Tal und auf die Bucht von Piran.

Einen Einblick ins frühere Leben eines istrischen Bauern bietet die Ethnologische Sammlung „Tonas Haus" in einem länglichen Steinhaus aus dem 18. und 19. Jahrhundert. Das Haus ist ein Zwischentyp zwischen einem ein- und zweigeschossigen Bau und ist als Museum eingerichtet. Im Erdgeschoss wird die Ölgewinnung dargestellt, im Oberstock illustrieren eine rustikale Küche und ein Wohnraum die einstige Lebens- und Arbeitsweise. Glanzstück der vom Seefahrtsmuseum Piran betreuten Sammlung ist die „Torkla", eine originale Ölmühle aus der ersten Hälfte des 20. Jahrhunderts.

Sehenswert im Dorf ist weiters die Petruskirche mit Fragmenten eines Renaissance-Altars, der in die Schiffswand eingebaut ist.

Tonas Haus in Sv. Peter

INFO

Ethnologische Sammlung Tonas Haus/Etnološka zbirka Tonina hiša: Sv. Peter 90; Öffnungszeiten: Juli, August Mittwoch bis Sonntag 15-19 Uhr, September bis Juni Mittwoch bis Sonntag 10-14 Uhr. Führungen bei Voranmeldung: +386/ (0)5 671 00 40, booking.pommuz@pommuz-pi.si.

Nova Vas liegt auf einem Hügel oberhalb des Flusses Dragonja. Sehenswert ist die Kirche der Maria vom Rosenkranz. Auch hier findet man noch viele steinerne Höfe und typisch istrisches Dorfflair. Ein sympathische Geschichte rankt sich um den Kirchturm der Kirche des heiligen Josef: Die Dorfeinwohner hatten sich den Turm aus dem Verkaufserlös von (rotem istrischen) Knoblauch selbst geschenkt. Zur Erinnerung daran feiert man hier im Juli das Wein- und Knoblauchfest.

Aufgrund der durchgehend erhaltenen istrischen Dorfstruktur steht das über dem Tal des Flusses Drnica auf 208 Metern gelegene Dorf **Padna** unter Denkmalschutz. Der ganze Südhang des Padna-Hügels ist mit Olivenplantagen (mit zum Teil bis zu 300 Jahre alten Bäumen) und der Steilhang mit Wald bepflanzt, im Tal befinden sich Felder für den Anbau von Gemüse, Obst, Getreide etc. Das Olivenöl aus Padna ist für seinen intensiven Geschmack bekannt. Im Frühling wird hier das Fest des Olivenöls und des Mangolds gefeiert. Mangold hat hier eine besondere Bedeutung, da der Verkauf des Gemüses den Glockenturm der Kirche des heiligen Blasius mitfinanzierte. Die Kirche stammt ursprünglich aus dem 13. Jahrhundert, ihre heutige Gestalt erhielt sie 1867.

Neben der Kirche steht eine, dem slowenischen Maler und Grafiker Božidar Jakac gewidmete, Galerie mit Bildern des Künstlers.

Glockenturm der Kirche des heiligen Blasius in Padna

Blick von Padna zu den Salinen von Sečovlje

Ein Dorf unter Denkmalschutz: Padna

Kirche der Unbefleckten Mutter Gottes in Šmarje

Impressionen aus Šmarje

TIPP

Oliven- und Mangoldfest Padna: Ein kleines, aber sehr feines Fest ist das Oliven- und Mangold-Fest in Padna am ersten Mai-Wochenende, wo die Bauern an Ständen ihre Produkte anbieten und viele der Höfe einen Tag der offenen Tür haben.

Im Hinterland von Izola sind die Dörfer **Korte** und **Šmarje** hervorzuheben. Šmarje ist eine aus mehreren Ortschaften bestehende, in die Länge gezogene Siedlung auf dem flachen Bergrücken des Šavrinje-Hügellandes mit Polanje als höchstem Punkt auf 406 Metern. Archäologische Funde belegen die Besiedelung dieses Gebietes ab dem 2. Jahrhundert. Mittelpunkt der Siedlung ist Šmarje. Das alte Dorfzentrum befindet sich in der Umgebung der Kirche der Unbefleckten Mutter Gottes, deren Ursprünge ins 11. Jahrhundert zurückreichen. Ihr heutiges Aussehen erhielt sie um 1739 sowie durch eine Restaurierung im Jahre 1933. Unweit der Kirche steht ein Denkmal zur Erinnerung an die zahlreichen Opfer der nationalen Befreiungsbewegung. Es wurde 1969 errichtet und

Kirche des heiligen Anton in Korte

Das Hinterland ist eines der wichtigsten Weinbaugebiete in Slowenien.

ist ein Werk des Bildhauers Jože Pohlen. Am ersten Sonntag im Oktober feiern die Bewohner ihr Dorffest, den „Weißen Sonntag".

Farbenpracht herbstlicher Weinstöcke

Die größte Siedlung im Hinterland von Izola ist das auf 224 Metern gelegene Dorf Korte, das 1472 als Kurte erstmals urkundlich erwähnt ist. Die Siedlung teilt sich ebenfalls in mehrere Ortschaften und bietet alle bereits bekannten landschaftlichen Vorzüge sowie wunderbare Aussichtsplätze auf das Hügelland und bis zu den Salinen von Sečovlje.

Im Hinterland von Koper hat das Dorf **Marezige** oberhalb des Vanganel-Tales eine ähnliche aus mehreren Ortschaften bestehende Struktur. Marezige wird erstmals im Jahr 1423 in den Statuten von Koper erwähnt. Im 19. Jahrhundert entwickelt sich Marezige zum Hauptort der Siedlung mit entsprechender Infrastruktur. Sehenswert ist die Pfarrkirche des heiligen Kreuzes mit ihren Ursprüngen im 9. Jahrhundert, wie einige erhaltene architektonische Elemente im gotischen Presbyterium belegen. 1756 wurde renoviert und barockisiert. Der 23 Meter hohe Kirchturm wurde im Zuge einer Renovierung und Erweiterung 1870 erbaut. Marezige gilt als Zentrum des „Refošk-Landes".

INFO

Wandern und Radfahren im Hinterland: Das slowenische Tourismusbüro hat für das gesamte Hinterland Wander- und Radrouten zusammengestellt. Die Broschüren und Wanderkarten erhält man in den Tourismusinformationsstellen sowie online unter www.slovenia.info (Stichwort Wandern). Hier finden sich auch weitere Ausflug-Tipps fürs Hinterland.

Eine weithin auf Täler und Bergrücken verstreute Siedlung ist Truške mit der vermutlich interessantesten und schönsten Landschaft des Hinterlandes. Das auf 250 Metern See-

Kirche des heiligen Kanzian in Truške in abendlicher Herbststimmung

höhe gelegene **Truške** wurde 1067 von Kaiser Heinrich IV. den Freisinger Bischöfen in Obhut gegeben, danach kam es in den Besitz der Diözese von Koper bzw. in die Hände unterschiedlicher Adelsfamilien aus Koper. Die Kirche der Siedlung stand ursprünglich hier, doch war der Standort für die weit verstreuten Bewohner unvorteilhaft. Daher ließen die Bischöfe von Koper im 16. Jahrhundert eine neue, dem heiligen Kanzian geweihte Kirche an einem zugänglicheren Hügel bauen. Das einschiffige Gotteshaus mit polygonaler Apsis und vier Seitenkapellen wurde im 18. Jahrhundert umgebaut, wie der Holzaltar aus dem Jahre 1788 und die Jahreszahl 1778 am Portal belegen.

TIPP

Weingut Rodica: In Südlage im Hügelland von Truške baut Marinko Rodica die autochthonen Weinsorten Refošk, Malvazija und Gelber Muskateller sowie Merlot, Cabernet Sauvingon, Syrah und Grauburgunder an. Begonnen hat der Winzer 1998 mit einem Hektar, heute erstrecken sich die 60.000 Reben auf eine Fläche von 15 Hektar. Von Anfang an setzten die Rodicas auf Weinbau im Einklang mit der Natur; 2009 haben sie das Zertifikat für ökologischen Weinbau erhalten. 2013 eröffneten sie ihren umweltfreundlichen und energieeffizienten neuen Weinkeller, der im traditionellen istrischen Baustil und aus istrischem Baumaterial errichtet wurde. Der Wein kann ab Hof gekauft werden; außerdem steht ein 100 Personen fassender Verkostungsraum zur Verfügung sowie eine Terrasse mit herrlichem Ausblick; Führungen etc. bei Voranmeldung: +386 (0)41 695 019, info@rodica.si, www.rodica.si.

Tradition und moderne Technologie im Weingut Rodica

Marinko Rodica, Bio-Winzer in Truške

Am Rand des slowenischen Karstplateaus (in Richtung Italien) liegt das geschlossen bebaute Dorf **Črni Kal** inmitten eines landschaftlich ebenfalls sehr reizvollen Flyschgebietes. Im Dorf dominieren mehrstöckige Steinhäuser, zumeist aus dem 16. und 17. Jahrhundert, die auf die Steinbruchtradition durch den nahen Steinbruch hinweisen. In Črni Kal findet man zudem das älteste Bauernhaus in Slowenien, das Benko-Haus (Benkova hiša), das laut Inschrift im Jahr 1489 von den Steinmetz-Meistern Andrej und Benko erbaut wurde.

Eingangstor des Benko-Hauses in Črni Kal

Eine weitere bäuerlich geprägte Siedlung am Karstrand ist **Hrastovlje.** Weltweit berühmt ist das Dorf wegen der romanischen Dreifaltigkeitskirche aus dem 12. Jahrhundert auf einer Anhöhe oberhalb des Dorfes. Die Kirche umgibt eine viereckige Wehrmauer mit zwei runden Wehrtürmen, die im 15. und zu Beginne des 16. Jahrhunderts errichtet wurde und den Bewohnern als Schutz gegen die Angriffe der Uskoken und Türken diente.

Dreifaltigkeitskirche in Hrastovlje

Weltweit einzigartig: die Fresken der Dreifaltigkeitskirche

Impressionen aus dem Hinterland

Blick von den Šavrini-Hügeln ins Dragonja-Tal

INFO

Dreifaltigkeitskirche/cerkev sv. Trojice: Ganzjährig geöffnet, 9-12 Uhr, 13-17 Uhr, Dienstag geschlossen; falls der Eingangsbereich unbesetzt ist, rufen Sie +386/ (0)31 432 231 oder +386/ (0)5 659 00 50 (außer Dienstag).

Das spätromanische Kirchengebäude, das man heute sieht, wurde vor 1480 gebaut. Der Innenraum ist durch ein Tonnengewölbe und vier Säulen in drei scheinbare Schiffe geteilt. Kunsthistorisch einzigartig sind die Fresken, die alle Wände und Bögen schmücken. Die Malereien entstanden um 1490 und sind mit Johannes von Kastav signiert. Dargestellt sind biblische Szenen, Propheten und Heilige sowie Szenen des bäuerlichen Lebens. Die berühmteste Szene ist der Totentanz. Sie waren lange Zeit unter dem Putz verborgen und wurden erst 1949 entdeckt und in der Folge sorgfältig restauriert.

Kulturelle Bedeutung hat Hrastovlje auch wegen seiner beiden Galerien. In der Galerie Jože Pohlen sind mehr als 30 Arbeiten des aus Hrastovlje stammenden Bildhauers ausgestellt. Pohlen (1926-2005) zählt zu den anerkanntesten slowenischen Künstlern. Die Galerie Viktor Snoj zeigt Werke des slowenischen Malers, Restaurators und Dichters (1922-2011), der die ersten Fresken der Dreifaltigkeitskirche freilegte.

Glasklar: das Wasser der slowenischen Mittelmeerküste

Badestrände an der slowenischen Küste

Die ganze slowenische Adriaküste entlang gibt es Badestrände für alle möglichen Vorlieben und Geschmäcker: Kies-, Natur- und Sandstrand, Promenadenstrände mitten in der Stadt mit Badeplateaus, Wiesenliegeflächen in unmittelbarer Meernähe, kleine versteckte Strände und öffentliche Bäder mit Schwimmbecken, Wasserrutschen und anderen mehr oder minder sportlichen Attraktionen. Die Tipps auf diesen Seiten beginnen in Lucija, gleich nach den Salinen in Sečovlje und enden in Ankaran kurz vor der italienischen Grenze.

Für alle gilt, auch in den noblen Seebädern der Hotelanlagen: Es gibt hier keinen Sandstrand, in dem man auf weichem Sand zwischen den Zehen ins Meer schreitet, bis das Wasser höher (eigentlich tiefer) ist als man selbst, sondern hier sind es felsige, kiesige, steinige Buchten, die der nahen Karstgegend entsprechen. Es empfehlen sich daher: Bade- oder Gummisandalen, klappbare Liegestühle, Luftmatratzen oder sonstige Unterlagen, die auch ein Sonnenbad und nicht nur ein Sichtrocknenlassen bequem machen. Und ein Sonnenschirm, denn Schatten gibt's meist nur dort, wo Bäume stehen. Oder aber das nötige Kleingeld für die Miete von Liegestuhl und Sonnenschirm (sofern im Angebot).

Für den Weg zu den wild-romantischen Küstenstreifen sollte man auf jeden Fall halbwegs festes Schuhwerk dabei haben, die Felsen sind oft glitschig, die Pfade unwegsam. Sie werden sehen: Dann wird's ein Vergnügen!

„Wilder Strand“ in Seča

Portorož

Naturstrand Seča
Unterhalb des Hügels der Halbinsel Seča, an der Spitze der Landzunge, zwischen der Mündung des Salinenkanals ins Meer und der Marina Portorož, liegt ein Naturstrand mit Wiese und kleinem Wald dahinter. Da es kein öffentlicher Strand ist, sind Liegen etc. und Sonnenschirme selbst mitzubringen.

INFO

Die Strände mit dem besten Service, mit Attraktionen, und den einzigen (künstlich angelegten) Sandstrand gibt es in den öffentlichen bzw. Hotel-Bädern in Portorož. „Wild baden“ ist hier nicht möglich, Hunde sind nicht erlaubt, dafür aber sonst alles, was das Urlauberherz begehrt . . .

Hotelstrand Mediterraneo
Die Anlage gehört zum Resort Metropol und bietet mediterranes Beachfeeling mit Badelandschaft, Bar/Restaurant/Grill und mehr. Eintritt/Miete für Liegestuhl/Schirm, Parken im Parkhaus möglich; Preise und Infos: www.bernardingroup.si/de/metropol-resort.

Zentralstrand Portorož
Baden mit Tradition – das Seebad wurde angelegt während der Donaumonarchie, aber keine Angst: Es wurde und wird seither ständig gepflegt und erneuert! Der Strand bietet Sand- und Wiesenflächen auf 25.000 Quadratmetern, sicheres Baden (Rettungsschwimmer) auf 24.000 Quadratmeter

Der Zentralstrand in Portorož

Wasserfläche, vier Holzstege, 1.000 Liegestühle, Sanitäter, Sicherheitsdienst etc., Bars und Restaurant den gesamten Strand entlang. Eintritt frei, günstige Miete für Liegestühle/ Schirme, geöffnet (bzw. in vollem Umfang betreut) von Juni bis September; Preise und Infos: www.portoroz.si/de/abenteuer/aktivitaten/strande.

Hotelstrand Meduza
Badestrand der LifeClass Hotels, exklusive Anlage in 5- und 4-Sterne-Kategorie, Promenade mit istrischem Marmor gepflastert, Wiesenflächen; Liegestühle/Sonnenschirme zu mieten, Massage-/Pflege-/Entspannungs-Angebot, Kinderprogramm in den Sommermonaten, Restaurant/Bar etc.; Preise und Infos: www.lifeclass.net/de/aktivitaten/hotelstrand-meduza.

Laguna Bernardin
Strandbad und Meerwasserpark des Resorts Bernardin; Meerwasserpark (indoor, also auch für Regentage und im Winter) im Hotel Histrion, im Sommer durch die Terrasse mit dem (Outdoor-)Badeplateau verbunden; Schwimmbadanlage mit geheiztem Meerwasser (1.000 Quadratmeter Wasserfläche in verschiedenen Becken, Kinderbecken, Whirlpools), Wasserspiele, Wasserstrudel, Sauna, Solarium etc.; Bars, Restaurants der Hotelanlage; Preise und Infos: www.bernardingroup.si/de/bernardin-resort/hotels/hotel-histrion/erlebnisse/laguna-bernardin.

Badestrand in Piran-Fornače

Perfect Summer Club
Exklusives Angebot der Laguna Bernardin im Bereich Grand Hotel Bernardin, inkludiert u.a. Liegestuhl, Sonnenschirm, Handtuch, 0,5l Mineralwasser, Obst, Nachmittagsaperitif in der Beach Lounge, Butler-Service, Garderobe; nicht inkludiert: Spa-Angebote, Maniküre, Massagen; Preise und Infos: www.bernardingroup.si/de/bernardin-resort/hotels/grand-hotel-bernardin.

Piran

Badestrand Piran-Fornače
Fornače ist nicht nur der Stadtteil, wo Parkhaus und Parkanlage für Piran gelegen sind, sondern auch ein netter, kleiner Strand mit Duschen, den vor allem Einheimische gerne nutzen und Leute, die zwischendurch einmal ins Meer hüpfen wollen; keine Miet-Liegestühle etc.

Badestrand Piran-Hafen
Stadtstrand in bester Piran-Lage am Hafen, Liegeflächen am (kleinen) Kiesstrand und größeren Badeplateau mit Stegen; Duschen, Einstiegshilfen die ganzen Uferpromenade entlang; Drinks etc. von den Promenade-Lokalen; Liegestühle/Sonnenschirme werden vom Hotel Piran vermietet.

Stadtstrand in Piran entlang der Uferpromenade

Badestrand Piran-Pusterla
Stadtstrand an der „Rückseite“ der Piraner Landzunge; Duschen, Badeplateau, Liegestühle/Sonnenschirme zu mieten; nahtloser Übergang in einen schmalen Küstenstreifen mit wild-romantischen Bademöglichkeiten bis zur Bucht Fiesa, stellenweise muss man über Felsen „klettern“.

Bucht Fiesa
Kleine Bade-Bucht mit großem Angebot: Kies und Uferpromenade mit „Liegesteinen“, Liegewiese mit Bäumen, und als Naturdenkmal zwei Süßwasserseen; Küstenstreifen bis Piran in die eine und Strunjan in die andere Richtung mit wildromantischen Bademöglichkeiten; kulinarische Verpflegung von zwei Hotels oder vom Campingplatz; Infos: www.portoroz.si/de/portoroz-und-piran/unser-istrien/fiesa.

INFO

Naturdenkmal Fiesa-Seen: Die Bucht von Fiesa entwickelte sich erst in den vergangenen rund 50 Jahren zur Urlaubssiedlung. Davor war es ein Industriestandort, an dem Tonerde für die Ziegelherstellung in einer nahen Fabrik abgebaut wurde. Für Naturliebhaber interessant ist sie wegen der zwei Süßwasserseen, die aus den Senken entstanden sind, die der Lehmabbau hinterließ. Der kleine See ist mit Süßwasser gefüllt und bis zu 6,5 Meter tief. Der größere See ist tiefer und seit 1963 mit dem Meer verbunden, weshalb sich hier Süß- und Salzwasser mischen. Beide Seen sind Lebensraum für verschiedene Pflanzen- und Tierarten, darunter rund 20 seltene und gefährdete Arten von Libellen, und stehen daher seit 1989 unter Naturschutz.

Bucht von Fiesa mit einem der beiden Süßwasserseen

Bucht von Strunjan mit Lagune und Salinen

Bucht von Strunjan

Badestrand Salinera
Bade-Bucht in unmittelbarer Nähe der Salinen und im Naturschutzgebiet/Landschaftspark Strunjan; gehört zum Hotel und Bioenergetischen Park Salinera; Sand-/Kies-/Promenadenstrand und Liegewiesen auf einer Fläche von 12.000 Quadratmetern; Bar/Restaurant; gebührenpflichtige Parkmöglichkeit am Hotel-Parkplatz; Liegestühle etc. zu mieten; Eintritt und Infos: www.bernardingroup.si/de/salinera/erlebnisse.

Badestrand Talaso Strunjan
Strandbad im Naturschutzgebiet/Landschaftspark Strunjan, gehört zur Hotelanlage Terme Krk Strunjan; Kies-/Promena-

Mondbucht auf der Halbinsel Strunjan in Richtung Izola

denstrand mit Wiesen-Liegeflächen; Duschen etc.; Bar/Restaurant; gebührenpflichtiger Parkplatz, Liegestühle etc. zu mieten; Eintritt frei, Preise und Infos: www.terme-krka.si.

Mondbucht/Mesečev zaliv
Naturstrand im Naturschutzgebiet/Landschaftspark Strunjan, für viele ihr Lieblingsstrand, daher längst kein Geheimtipp mehr, aber immer noch „einsam", da nicht ganz leicht und nur so zu erreichen: vom Talaso-Strunjan-Parkplatz aus Richtung Kirche Mariä Erscheinung und weiter hinauf zum Weißen Kreuz, von dort ein kleines Stück nach rechts führt ein kleiner Pfad zum Meer hinunter; Naturstrand (Kies, Felsen), daher keine Duschen, keine mietbaren Liegestühle etc.

Izola

Bele skale
Naturküstenstreifen (Kies, Felsen) im Naturschutzgebiet/Landschaftspark Strunjan, ähnlich der Mond-Bucht (Strunjan); zu erreichen über die Hotelanlage Belvedere, am Fußweg Richtung Strunjan, das Flysch-Kliff entlang; keine Dusche etc., keine mietbaren Liegestühle etc.; Parkmöglichkeit in der Belvedere-Anlage oder beim Simon-Strand (dann am Ende Simon-Strand Richtung Strunjan).

Naturküstenstreifen Bele skale in Izola

Stadtstrand von Izola

Badestrand Simon-Bucht/Simonov zaliv
Sand-/Kies-/Promenadenstrand mit Attraktionen wie Wasserrutschbahn, Volleyballplatz und anderen Freizeit/Sportmöglichkeiten; Duschen etc; Bar/Restaurant am Strand sowie Hotels des Simon-Hotelkomplexes; Liegestühle etc. zu mieten: Eintritt und Infos: www.bernardingroup.si/de/san-simon.

Stadtstrand beim Leuchtturm/Svetilnik
Stadtstrand an der Landspitze der Halbinsel beim Leuchtturm; Kies-/Promenadenstrand, Naturstrand mit Liegewiese und bewaldeter Liegefläche; Duschen etc; Liegestühle etc. zu mieten; in einem Teilbereich behindertengerechter Meerzugang; Parkmöglichkeit: an den öffentlichen Parkplätzen, Gehzeit zum Strand 10 bis 15 Minuten. Infos: www.izola.eu.

Party an der Koper-Cabana

Koper

Aquapark Žusterna
Outdoor- und Indoor-Schwimmbecken mit jeder Menge Spaßangebot für Kinder und Wellness für die Eltern, aber kein Meer-Strandbad; Eintritt und Infos: www.terme-catez.si/de/slowenische-kuste/aquapark-zusterna.

Stadtstrand Koper/Mestna plaža Koper
Stadtstrand, Kies-/Promenadenstrand, Wiesen-Liegeflächen mit vereinzelt Bäumen; an der Adresse „Koper-Cabana" Nummer 1 (Kopališko nabrežje 1); Duschen etc.; Verpflegung in der Kavarna/Slaščičarna Kroštola; Liegestühle etc. zu mieten; kein Eintritt.

Ankaran
Das Ankaran-Küstengebiet liegt im Süden der Murje-Halbinsel, die in etwa zur Hälfte zu Slowenien gehört. Badegäste finden hier alle möglichen Arten von Strandfeeling: Kies-/Promenadenstrand, bewaldete Liegewiesen, Naturstrand, Steilklippen. Die Küste windet sich nach einer kleinen Landzunge in Richtung Italien.

Resort Adria Ankaran
Einen Großteil der Küste nimmt die Strand- und Ferienanlage Adria Ankaran (Hotel & Resort) ein, die eines der Arbeiter- und Jugendferienanlagen-Projekte der ehemaligen jugoslawischen Regierung war und zum Teil noch Retro-Flair der 1970er atmet. Aber keine Angst: Das Hotel sowie die Bungalows, Apartmenthäuser und Villen, die vermietet werden, sind längst fürs 21. Jahrhundert adaptiert. Weitläufige Flächen

Strandbad im Resort Adria Ankaran

sind Campern gewidmet, die hier alles finden, was sie brauchen, inklusive Shops direkt in der Anlage, in den Ortschaften und in Koper sowieso.

Die Strandanlage mit Kies-/Promenadenstrand, Badestegen, von Kiefern und Ölbäumen beschatteten Liegewiesen, Schwimm- und Kinderbecken bietet dementsprechend für den Badegast alles, was er braucht – Duschen etc., Liegestühle/Sonnenschirme zu mieten, Bars, Restaurants, Shops; kein Eintritt! Infos: www.adria-ankaran.si.

INFO

Kloster des heiligen Nikolaus/Samostan sv. Nikolaja

Das Benediktinerkloster des heiligen Nikolaus, das mitten in der Anlage Adria Ankaran liegt, wurde im 12. Jahrhundert erbaut und diente bis 1641 als solches. Die erste Kirche hier wurde im schon im 9. Jahrhundert errichtet.

Den Benediktinern ist auf der Murje-Halbinsel die Bepflanzung von Wein- und Ölgärten zu verdanken. Die Pest von 1630/31 verringerte die Bevölkerung und verursachte den Weggang der Mönche, 1641 verließ der letzte Benediktinermönch das Kloster. 1774 kaufte die venezianische Adelsfamilie Madonizza das gesamte Anwesen.

Die Benediktiner haben das Kloster mehrmals renoviert. Der Glockenturm wurde 1572 fertiggestellt; das heutige Aussehen erhielt der Konvent Mitte des 17. Jahrhunderts. Der Brunnen im Innenhof wurde 1835 erbaut. Nach dem Ersten Weltkrieg wurde das Kloster zu einem Hotel umgebaut und ab 1925 mit dem Seebad und Sportanlagen Teil des touristischen Angebots.

Heute befindet sich im Kloster das 4-Sterne-Hotel Convent mit 23 Zimmern, einem Luxusapartment und einem Feinschmeckerrestaurant. Infos: www.adria-ankaran.si/de/unterbringung/hotel-convent.

Das ehemalige Kloster des heiligen Nikolaus in Ankaran ist heute Hotel und Restaurant.

Landzunge von Ankaran: Debeli rtič

Debeli rtič
Strand und Schwimmbad an der kleinen Landzunge von Ankaran in Richtung Italien; Gesundheits-, Wellnesszentrum, Hotel-, Jugend- und Ferienanlage des Roten Kreuzes Slowenien; Strand und Schwimmbad öffentlich zugängig; hübscher Kies-/Promenadenstrand mit Wiesenflächen in reizvoller Landschaft; beheizbares Schwimmbecken mit Meerwasser, Wellness-Angebot; Verpflegung vom Hotel; Eintritt, Preise, Infos: www.zdravilisce-debelirtic.org.

Sv. Jernej
Reizvolle und naturbelassene Bucht mit (zum Teil) Schilfufer; kein Bade-Komfort, dafür ein uriges und spezielles Naturerlebnis; Verpflegung am sensationellen Fisch-Stand (aber ohne Garantie, wie lang's den dort noch gibt). Historisch gesehen bemerkenswert: Die Grenze hier zu Italien wurde nach einigen Diskussionen erst 1975 endgültig gezogen.

Im Hafen von Piran

Bildnachweis

Die nicht betitelten Bilder zeigen folgende Motive: S. 52/53: Kanzel der Georgs-Kirche (Piran); S. 54/55: Giuseppe-Tartini-Denkmal (Piran); S. 72/73: Piraner Altstadt mit Georgs-Hügel; S. 98/99: Teil der Stadtmauer von Piran; S. 110/111: Zisternen-Putto am 1.-Mai-Platz (Piran); S. 136/137: Seefahrtsmuseum „Sergej Mašera" (Piran); S. 156/157: Skulptur von Dieter Hastenteufel im Forma-viva-Park (Portorož); S. 170/171: Salzgartenmuseum Fontanigge (Salinen Sečovlje); S. 190/191: Halbinsel und Naturpark Strunjan; S. 206/207: Palast Besenghi degli Ughi (Izola); S. 226/227: Loggia am Tito-Platz (Koper)

Alle Fotos Christian Lehner und Petra Lammer, außer S. 119: Andreja Frelih; S. 165: Hotel Kempinski Palace Portorož; S. 193, 194 (oben), 196, 203: Krajinski Park Strunjan; S. 34, 147, 148, 260: Maritime Museum „Sergej Mašera" Piran; S. 235: David May; S. 269, 280: Slowenisches Tourismusbüro (Slovenian Tourist Board/STB, www.slovenia.info); S. 30: STB/Arhiv Hotelov Morje; S. 278: STB/Arhiv Turistniče organizacije Koper; S. 213: STB/Jaka Jerasa; S. 14: STB/B. Kladnik; S. 162: STB/J. Skok; S. 173 (oben): STB/Andrej Topolovec; S. 25, 27, 157, 173 (unten), 264, 272, 275: STB/Ubald Trnkoczy; S. 259: STB/Matej Vranič; S. 277: TIC Izola; S. 212: TIC Izola/Giorgio Baruffi; S. 265: Helmut Zechner

Quellenverzeichnis

Zvone Petek, Salvator Žitko: Von Koper bis Piran. Ljubljana, Mladinska knijga, 1986

Duška Žitko, Slobodan Simič-Sime: Portorož – Portorose. Ljubljana, SlSart, 1996

Slobodan Simič-Sime: Izola – Isola. Ljubljana, SlSart, 1997

Salvator Žitko: Koper – Capodistira. Ljubljana, SlSart, 1998

Mojca M. Kovač: Piran St. George. Ljubljana, Cultural and Natural Monuments of Slovenia 211, 2006

Duška Žitko: The Maritime Museum „Sergej Mašera" Piran. Pomorski Muzej, Piran, 2013

Zora Žagar, Eda Benčič Mohar, Flavio Bonin: Muzej Solinarstva/Museo delle Saline/Museum of Salt-Making/Salzgartenmuseum. Piran, Pomorski muzej, 2006

Diverse Autoren, Hrsg.: Maritime Museum „Sergej Mašera": Museum of Salt-Making/Salzgartenmuseum. Piran, Pomorski muzej, 1995

Schülerinnen und Schüler des Tourismuskurses am Gymnasium Piran, Projektleitung: Poloma Senčar: Reiseführer Piran. Maona, Piran, 2008

Jože Hočevar: Piran – The Town-Wall. Piran, Pomorski muzej, 2006

www.portoroz.si
www.slovenia.info.si

Orts- und Sach-Register

Kulinarisches

Personenregister

1. Ankaran | Kloster des heiligen Nikolaus
2. Črni Kal | Benko-Haus
3. Hrastovlje | Dreifaltigkeitskirche
4. Truške | Kirche des heiligen Kanzian
5. Marezige | Kirche des heiligen Kreuzes
6. Šmarje | Kirche d. Unbefleckten Mutter Gottes
7. Padna | Kirche des heiligen Blasius
8. Korte | Kirche des heiligen Anton
9. Sv. Peter | Tonas Haus
10. Nova vas | Kirche der Maria vom Rosenkranz

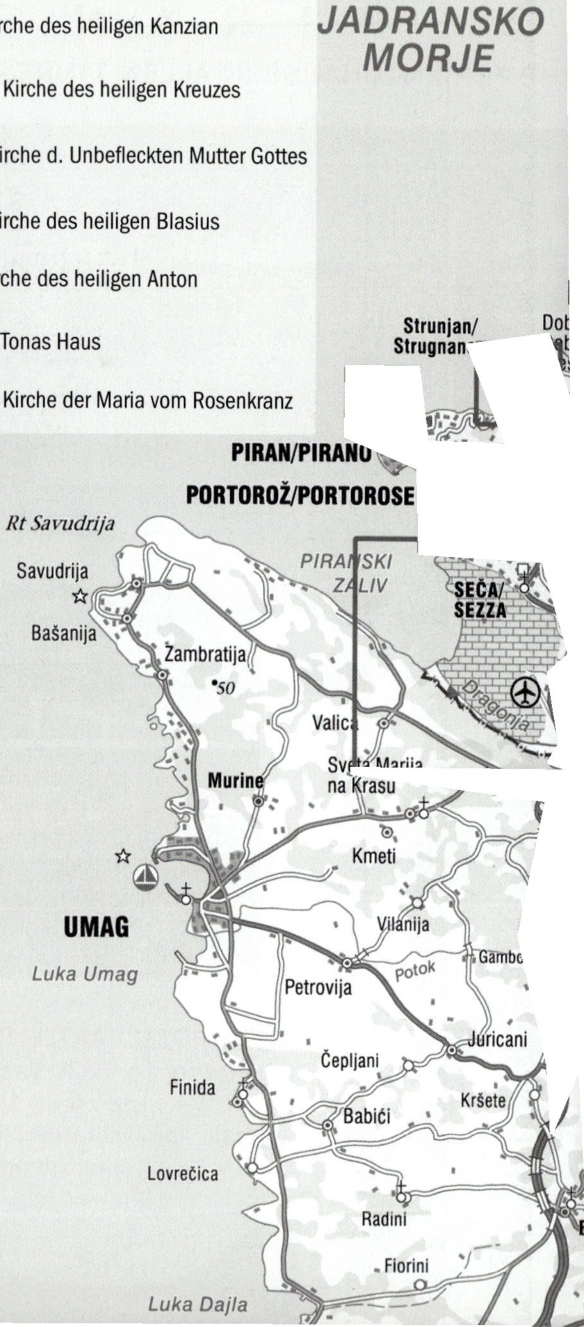